Impressum
Verlag: BABADADA GmbH, Nedderfeld 112 , 22529 Hamburg
Geschäftsführer / Verlagsleitung: Harald Hof
Druck: Books on Demand GmbH, In de Tarpen 42, 22848 Norderstedt

Imprint
Publisher: BABADADA GmbH, Nedderfeld 112 , 22529 Hamburg, Germany
Managing Director / Publishing direction: Harald Hof
Print: Books on Demand GmbH, In de Tarpen 42, 22848 Norderstedt

σχολείο
l'école

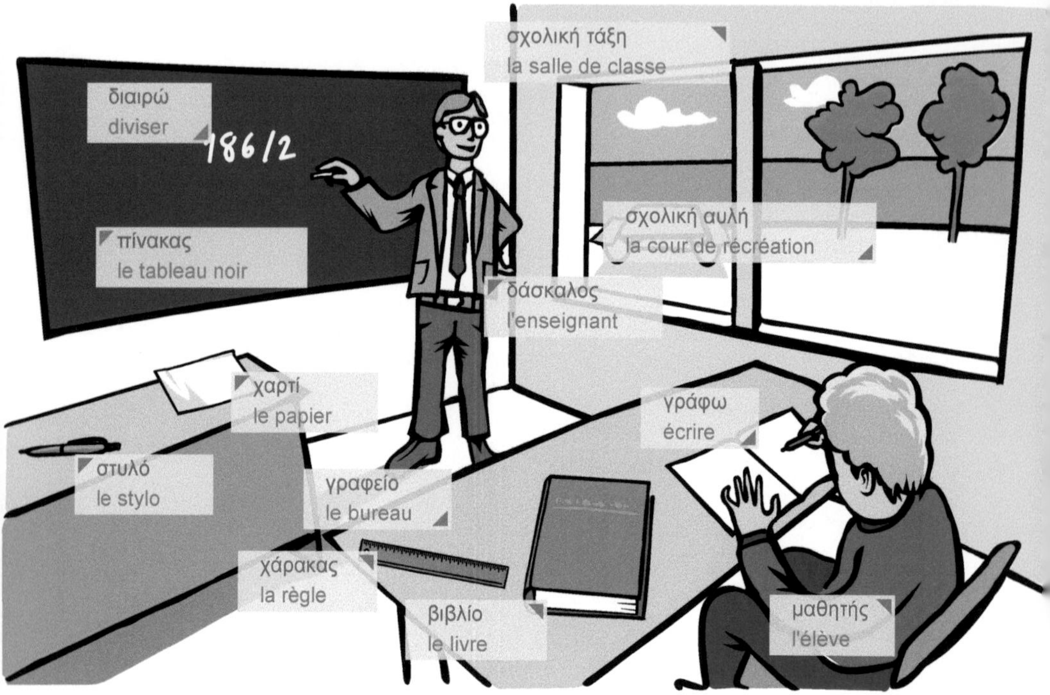
σχολική τάξη
la salle de classe
διαιρώ
diviser
186/2
πίνακας
le tableau noir
σχολική αυλή
la cour de récréation
δάσκαλος
l'enseignant
χαρτί
le papier
γράφω
écrire
στυλό
le stylo
γραφείο
le bureau
χάρακας
la règle
βιβλίο
le livre
μαθητής
l'élève

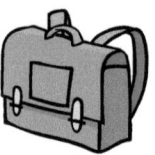

σχολική τσάντα

le sac d'école

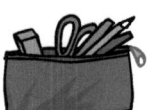

κασετίνα/ μολυβοθήκη

la trousse

μολύβι

le crayon

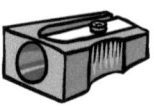

ξύστρα

le taille-crayon

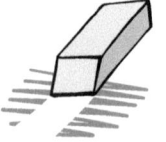

γόμα

la gomme

μπλοκ ζωγραφικής

le carnet à dessin

ζωγραφική
le dessin

πινέλο
le pinceau

κουτί χρωμάτων
la boîte de peinture

ψαλίδι
les ciseaux

κόλλα
la colle

τετράδιο ασκήσεων
le cahier d'exercices

εργασία για το σπίτι
les tâches

αριθμός
le chiffre

προσθέτω
additionner

αφαιρώ
soustraire

πολλαπλασιάζω
multiplier

υπολογίζω
calculer

γράμμα
la lettre

αλφάβητο
l'alphabet

λέξη
le mot

κείμενο

le texte

διαβάζω

lire

κιμωλία

la craie

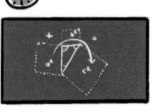

μάθημα

la leçon

εγγράφομαι

le livre de classe

τεστ

l'examen

πιστοποιητικό

le certificat

μαθητική στολή

l'uniforme scolaire

εκπαίδευση

la formation

εγκυκλοπαίδεια

le lexique

πανεπιστήμιο

l'université

μικροσκόπιο

le microscope

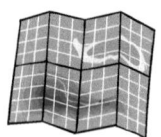

χάρτης

la carte

καλάθι αχρήστων

la corbeille à papier

σχολείο - l'école

ταξίδι
le voyage

ξενοδοχείο
l'hôtel
Grand
ξενώνας
l'auberge
ROOMS
ανταλλακτήρια συναλλάγματος
le bureau de change
€CHANGE
βαλίτσα
la valise
αυτοκίνητο
la voiture

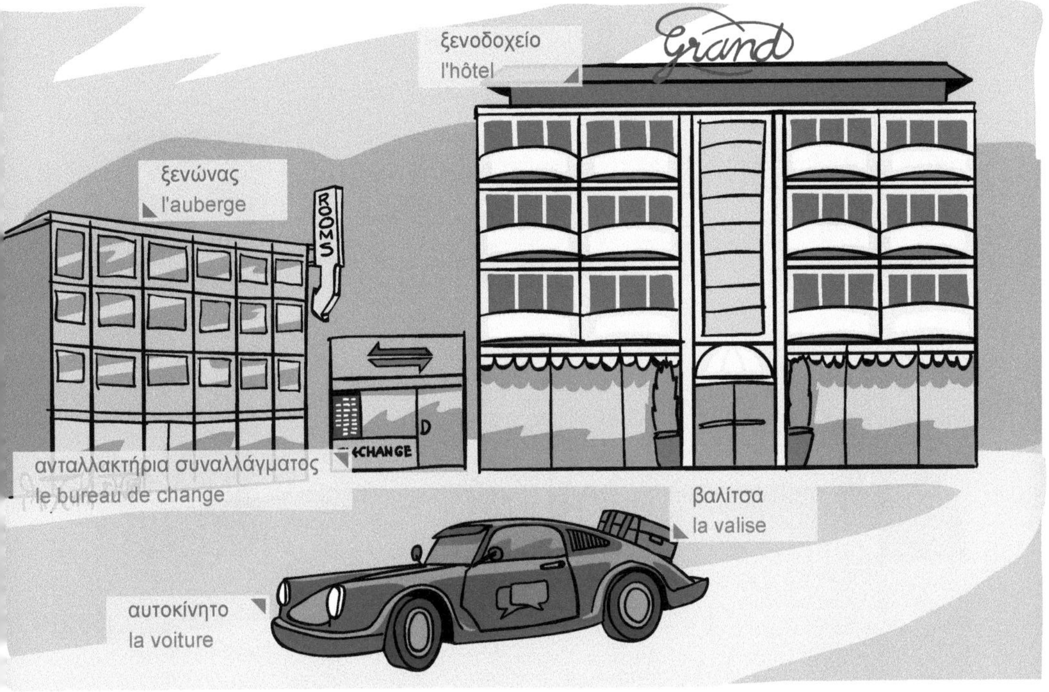

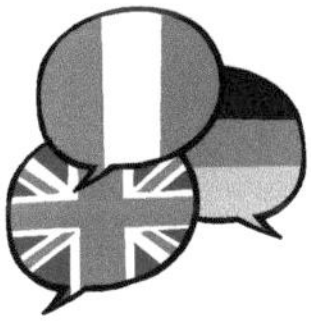

γλώσσα

la langue

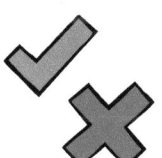

ναι / όχι

oui / non

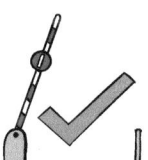

εντάξει

d'accord

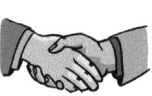

γεια σου

Salut

μεταφραστής

l'interprète

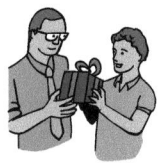

Ευχαριστώ

merci

πόσο κάνει ;

Combien coûte...?

Δε καταλαβαίνω

Je ne comprends pas

πρόβλημα

le problème

Καλησπέρα!

Bonsoir!

Καλημέρα!

Bonjour!

Καληνύχτα!

Bonne nuit!

Αντίο

Au revoir

κατεύθυνση

la direction

αποσκευές

les bagages

τσάντα

le sac

σακίδιο πλάτης

le sac-à-dos

καλεσμένος

l'hôte

δωμάτιο

la pièce

υπνόσακος

le sac de couchage

σκηνή

la tente

τουριστικές πληροφορίες

l'office de tourisme

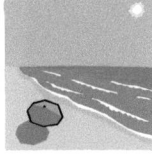

παραλία

la plage

πιστωτική κάρτα

la carte de crédit

πρωινό

le petit-déjeuner

μεσημεριανό

le déjeuner

δείπνο

le dîner

εισιτήριο

le billet

ανελκυστήρας

l'ascenseur

γραμματόσημο

le timbre

σύνορα

la frontière

τελωνείο

la douane

πρεσβεία

l'ambassade

βίζα

le visa

διαβατήριο

le passeport

ταξίδι - le voyage

μεταφορά

le transport

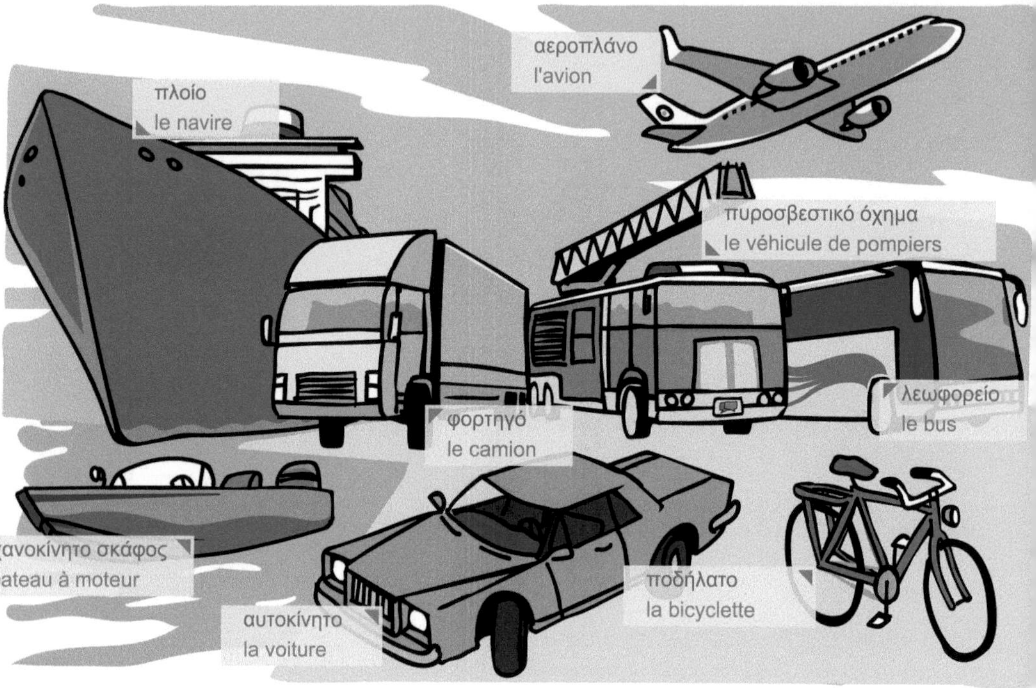

αεροπλάνο
l'avion
πλοίο
le navire
πυροσβεστικό όχημα
le véhicule de pompiers
λεωφορείο
le bus
φορτηγό
le camion
χανοκίνητο σκάφος
bateau à moteur
ποδήλατο
la bicyclette
αυτοκίνητο
la voiture

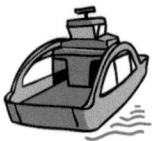

φεριμπότ

le ferry

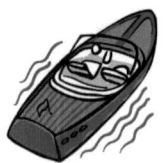

βάρκα

la barque

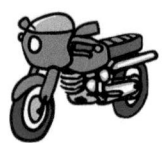

μοτοσικλέτα

la moto

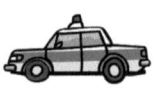

περιπολικό

la voiture de police

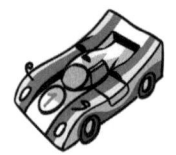

αγωνιστικό αυτοκίνητο

la voiture de course

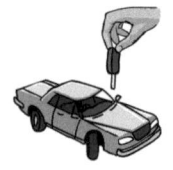

ενοικιαζόμενο αυτοκίνητο

la voiture de location

διαμοιρασμός αυτοκινήτων

l'autopartage

γερανός

la dépanneuse

απορριμματοφόρο

la benne à ordures

κινητήρας

le moteur

καύσιμο

l'essence

βενζινάδικο

la station d'essence

πινακίδα σήμανσης

le panneau indicateur

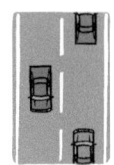

κυκλοφορία

le trafic

κυκλοφοριακή συμφόρηση

l'embouteillage

χώρος στάθμευσης

le parking

σιδηροδρομικός σταθμός

la gare

σιδηροδρομικές γραμμές

les rails

τρένο

le train

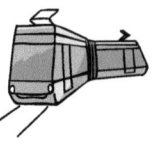

τραμ

le tram

βαγόνι

le wagon

ελικόπτερο

l'hélicoptère

αεροδρόμιο

l'aéroport

πύργος

la tour

επιβάτης

le passager

εμπορευματοκιβώτιο

le container

χαρτοκιβώτιο

le carton

καρότσι

le chariot

καλάθι

la corbeille

απογειώνομαι /
προσγειόνομαι

décoller / atterrir

πόλη
la ville

χωριό

le village

κέντρο της πόλης

le centre-ville

σπίτι

la maison

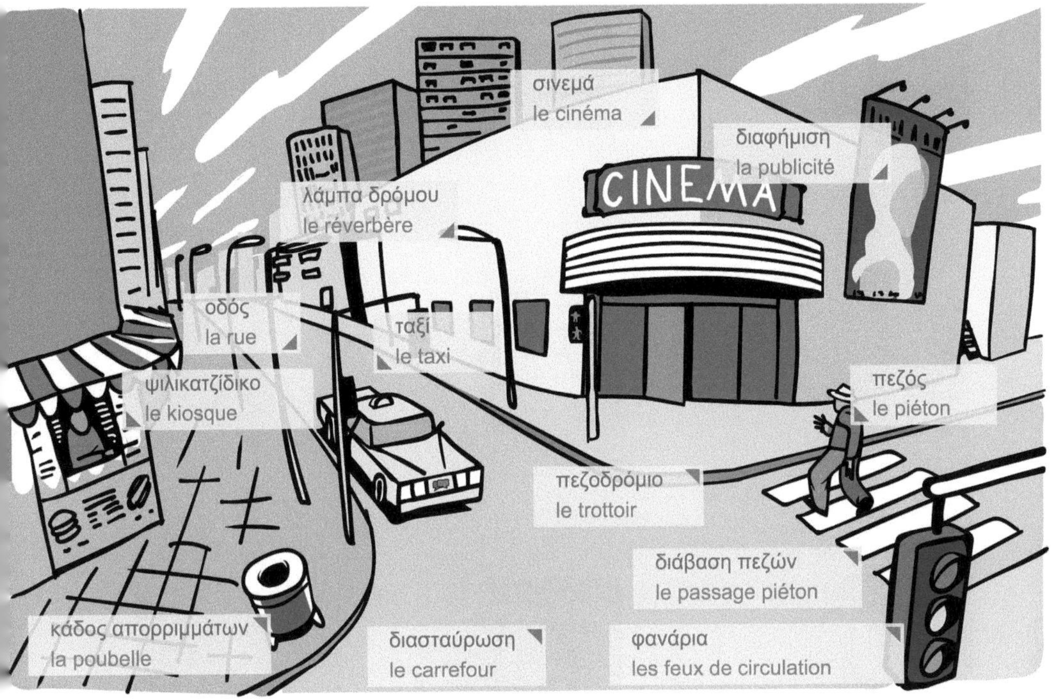

σινεμά
le cinéma
διαφήμιση
la publicité
CINEMA
λάμπα δρόμου
le réverbère
οδός
la rue
ταξί
le taxi
ψιλικατζίδικο
le kiosque
πεζός
le piéton
πεζοδρόμιο
le trottoir
διάβαση πεζών
le passage piéton
κάδος απορριμμάτων
la poubelle
διασταύρωση
le carrefour
φανάρια
les feux de circulation

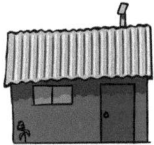

καλύβα

la cabane

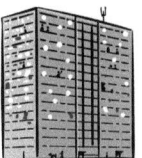

διαμέρισμα

l'appartement

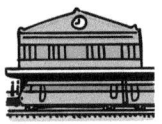

σιδηροδρομικός σταθμός

la gare

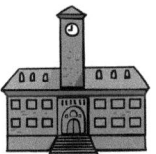

δημαρχείο

la mairie

MUSEUM

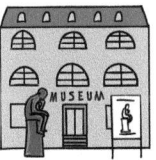

μουσείο

le musée

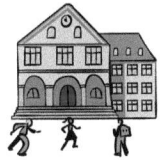

σχολείο

l'école

πανεπιστήμιο

l'université

τράπεζα

la banque

νοσοκομείο

l'hôpital

ξενοδοχείο

l'hôtel

φαρμακείο

la pharmacie

γραφείο

le bureau

βιβλιοπωλείο

la librairie

κατάστημα

le magasin

ανθοπωλείο

le fleuriste

σούπερ μάρκετ

le supermarché

αγορά

le marché

πολυκατάστημα

le grand magasin

ιχθυοπωλείο

la poissonnerie

εμπορικό κέντρο

le centre commercial

λιμάνι

le port

πάρκο

le parc

παγκάκι

la banque

γέφυρα

le pont

σκάλες

les escaliers

μετρό

le métro

τούνελ

le tunnel

στάση λεωφορείου

l'arrêt de bus

μπαρ

le bar

εστιατόριο

le restaurant

γραμματοκιβώτιο

la boîte à lettres

πινακίδα δρόμου

le panneau indicateur

παρκόμετρο

le parcomètre

ζωολογικός κήπος

le zoo

πισίνα

le réverbère

τζαμί

la mosquée

αγρόκτημα

la ferme

ρύπανση

la pollution

νεκροταφείο

le cimetière

εκκλησία

l'église

παιδική χαρά

l'aire de jeux

ναός

le temple

τοπίο

le paysage

φύλλο
la feuille

πινακίδα κατεύθυνσης
le panneau indicateur

δρόμος
le chemin

λιβάδι
le pré

πέτρα
la pierre

δέντρο
l'arbre

πεζοπόρος
le randonneur

ποτάμι
la rivière

χορτάρι
l'herbe

λουλούδι
la fleur

κοιλάδα

la vallée

λόφος

la montagne

λίμνη

le lac

δάσος

la forêt

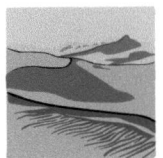

έρημος

le désert

ηφαίστειο

le volcan

κάστρο

le château

ουράνιο τόξο

l'arc-en-ciel

μανιτάρι

le champignon

φοίνικας

le palmier

κουνούπι

le moustique

μύγα

la mouche

μυρμήγκι

les fourmis

μέλισσα

l'abeille

αράχνη

l'araignée

τοπίο - le paysage

σκαθάρι

le scarabée

βάτραχος

la grenouille

σκίουρος

l'écureuil

σκαντζόχοιρος

le hérisson

λαγός

le lapin

κουκουβάγια

la chouette

πουλί

l'oiseau

κύκνος

le cygne

αγριογούρουνο

le sanglier

ελάφι

le cerf

άλκη

l'élan

φράγμα

le barrage

ανεμογεννήτρια

l'éolienne

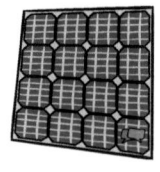

ηλιακός συλλέκτης

le panneau solaire

κλίμα

le climat

εστιατόριο
le restaurant

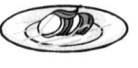

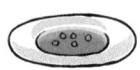

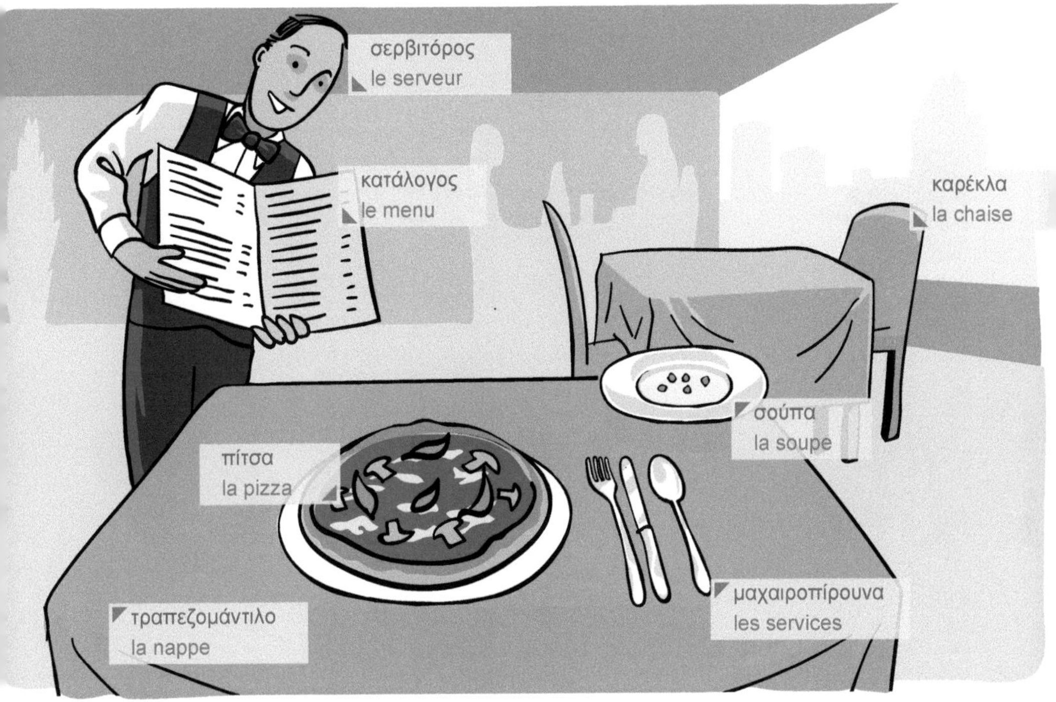
σερβιτόρος
le serveur
κατάλογος
le menu
καρέκλα
la chaise
σούπα
la soupe
πίτσα
la pizza
μαχαιροπίρουνα
les services
τραπεζομάντιλο
la nappe

ορεκτικό

les hors d'œuvre

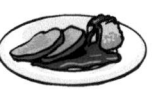

κύριο πιάτο

le plat principal

επιδόρπιο

le dessert

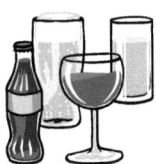

ποτά

les boissons

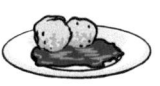

φαγητό

l'alimentation

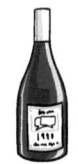

μπουκάλι

la bouteille

φαστ φουντ

le fast-food

φαγητό στ' όρθιο

les plats à emporter

τσαγιέρα

la théière

δοχείο ζάχαρης

le sucrier

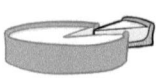

μερίδα

la portion

μηχανή εσπρέσο

la machine à expresso

ψηλή καρέκλα

la chaise haute

λογαριασμός

la facture

δίσκος

le plateau

μαχαίρι

le couteau

πιρούνι

la fourchette

κουτάλι

la cuillère

κουταλάκι του τσαγιού

la cuillère à thé

πετσέτα φαγητού

la serviette

ποτήρι

le verre

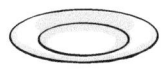

πιάτο

l'assiette

πιάτο σούπας

l'assiette à soupe

πιατάκι φλιτζανιού

la soucoupe

σάλτσα

la sauce

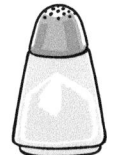

αλατιέρα

la salière

μύλος για πιπέρι

le moulin à poivre

ξύδι

le vinaigre

λάδι

l'huile

μπαχαρικά

les épices

κέτσαπ

le ketchup

μουστάρδα

la moutarde

μαγιονέζα

la mayonnaise

σούπερ μάρκετ
le supermarché

προσφορά
l'offre promotionnelle
FOR
πελάτης
le client
γαλακτοκομικά προϊόντα
les produits laitiers
φρούτα
les fruits
καρότσι για ψώνια
le caddie

BUTCHERS

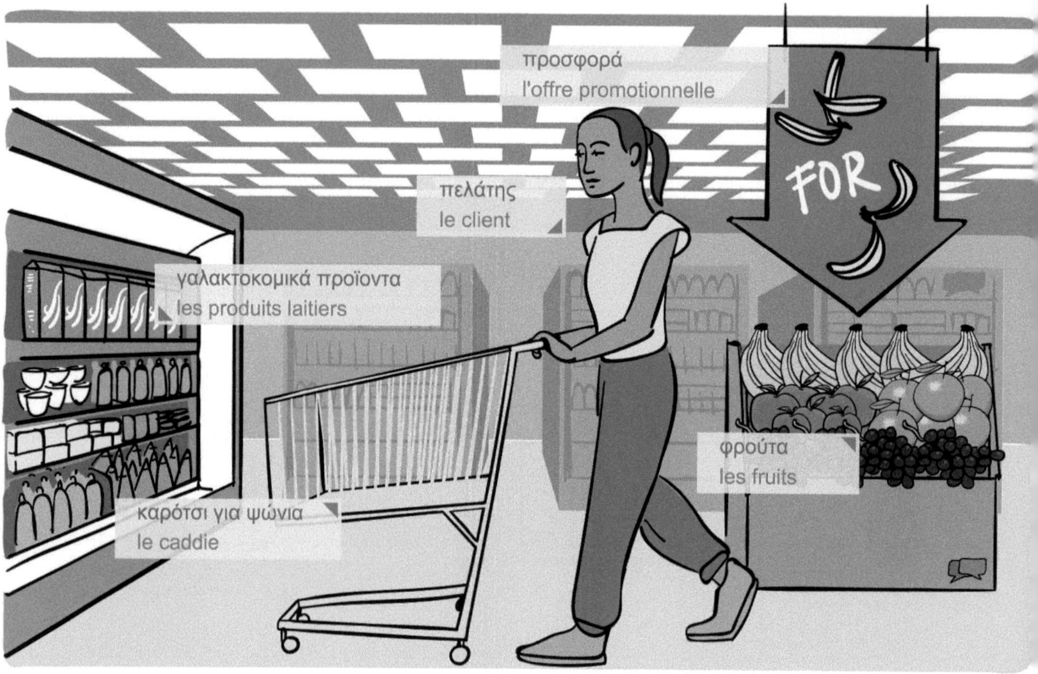

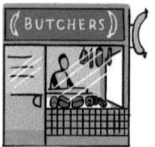

κρεοπωλείο

la boucherie

BAKERY

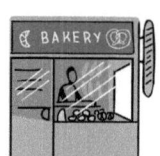

φούρνος

la boulangerie

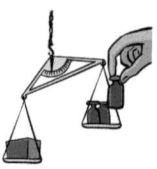

ζυγίζω

peser

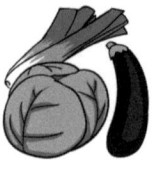

λαχανικά

les légumes

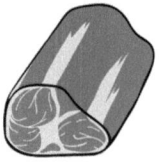

κρέας

la viande

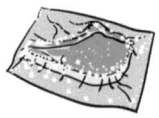

κατεψυγμένα τρόφιμα

les aliments surgelés

αλλαντικά

la charcuterie

κονσερβοποιημένη τροφή

les conserves

απορρυπαντικό ρούχων

la poudre à lessive

γλυκά

les bonbons

οικιακά είδη

les articles ménagers

καθαριστικά προϊόντα

les détergents

πωλήτρια

la vendeuse

ταμείο

la caisse

ταμίας

le caissier

λίστα για ψώνια

la liste d'achats

ωράριο λειτουργίας

les heures d'ouverture

πορτοφόλι

le portefeuille

πιστωτική κάρτα

la carte de crédit

τσάντα

le sac

πλαστική σακούλα

le sac en plastique

les boissons

νερό

l'eau

χυμός

le jus de fruit

γάλα

le lait

κόκα κόλα

le coca

κρασί

le vin

μπίρα

la bière

αλκοόλ

l'alcool

κακάο

le chocolat chaud

τσάι

le thé

καφές

le café

εσπρέσο

l'expresso

καπουτσίνο

le cappuccino

μπανάνα

la banane

μήλο

la pomme

πορτοκάλι

l'orange

πεπόνι

le melon

λεμόνι

le citron

καρότο

la carotte

σκόρδο

l'ail

μπαμπού

le bambou

κρεμμύδι

l'oignon

μανιτάρι

le champignon

ξηροί καρποί

les noisettes

νουντλς

les pâtes

μακαρόνια

les spaghettis

ρύζι

le riz

σαλάτα

la salade

πατατάκια

les frites

τηγανητές πατάτες

les pommes de terre rôties

πίτσα

la pizza

χάμπουργκερ

le hamburger

σάντουιτς

le sandwich

κοτολέτα

l'escalope

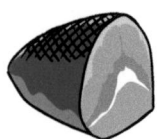

ζαμπόν

le jambon

σαλάμι

le salami

λουκάνικο

la saucisse

κοτόπουλο

le poulet

ψητό

le rôti

ψάρι

le poisson

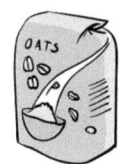

χυλός βρώμης

les flocons d'avoine

μούσλι

le muesli

κορν φλέικς

les cornflakes

αλεύρι

la farine

κρουασάν

le croissant

ψωμάκι

les petits-pains

ψωμί

le pain

τοστ

le pain grillé

μπισκότα

les biscuits

βούτυρο

le beurre

τυρόπηγμα

le fromage blanc

κέικ

le gâteau

αυγό

l'œuf

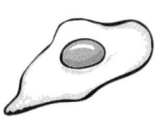

τηγανητό αυγό

l'œuf au plat

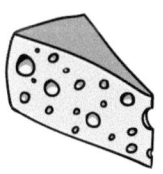

τυρί

le fromage

παγωτό

la glace

ζάχαρη

le sucre

μέλι

le miel

μαρμελάδα

la confiture

άλλειμμα σοκολάτας

la crème nougat

κάρυ

le curry

αγρόκτημα
la ferme

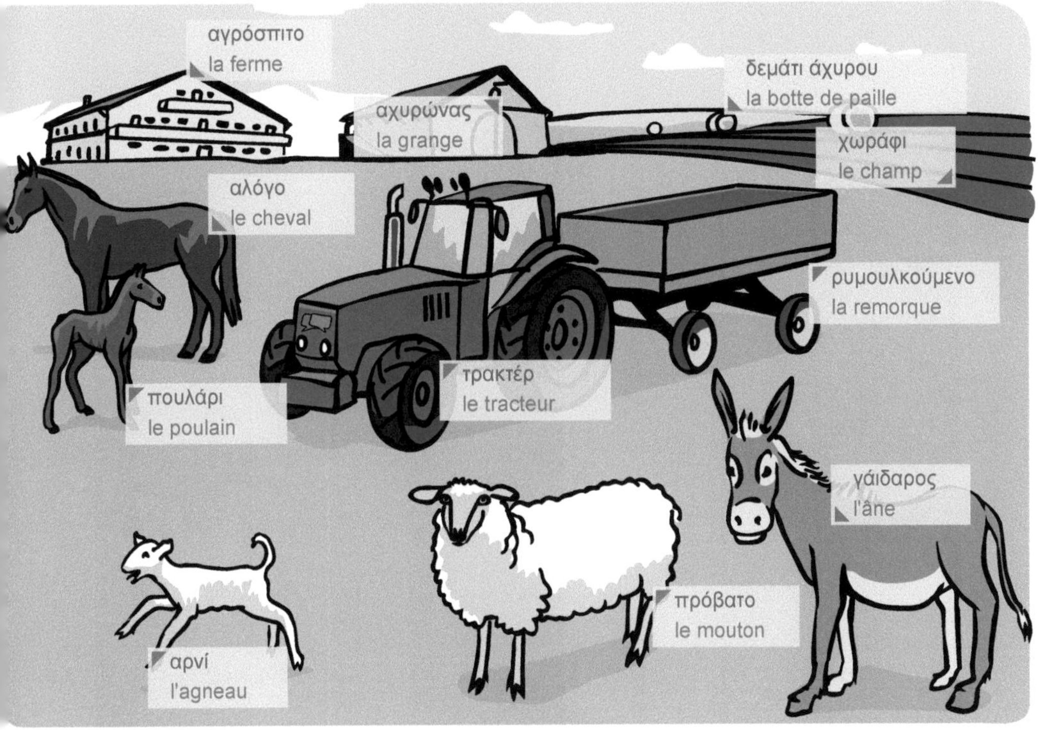

αγρόσπιτο
la ferme
αχυρώνας
la grange
δεμάτι άχυρου
la botte de paille
χωράφι
le champ
αλόγο
le cheval
ρυμουλκούμενο
la remorque
τρακτέρ
le tracteur
πουλάρι
le poulain
γάιδαρος
l'âne
πρόβατο
le mouton
αρνί
l'agneau

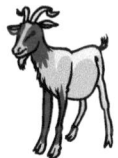

κατσίκα

la chèvre

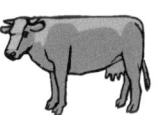

αγελάδα

la vache

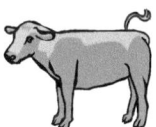

μοσχαράκι

le veau

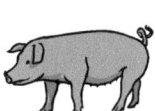

γουρούνι

le porc

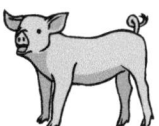

γουρουνάκι

le porcelet

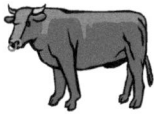

ταύρος

le taureau

χήνα

l'oie

πάπια

le canard

κοτοπουλάκι

le poussin

κότα

la poule

κόκορας

le coq

αρουραίος

le rat

γάτα

le chat

ποντίκι

la souris

βόδι

le bœuf

σκύλος

le chien

σπιτάκι σκύλου

le chenil

λάστιχο κήπου

le tuyau de jardin

ποτιστήρι

l'arrosoir

θεριστήρι

la faucheuse

αλέτρι

la charrue

δρεπάνι

la faucille

τσάπα

la pioche

δίκρανο

la fourche

τσεκούρι

la hache

χειράμαξα

la brouette

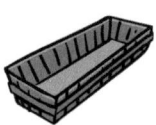

ταΐστρα

la cuve

δοχείο γάλακτος

le pot à lait

σάκος

le sac

φράχτης

la clôture

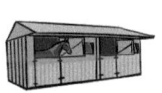

στάβλος

l'étable

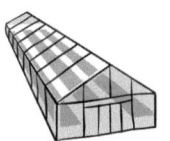

θερμοκήπιο

la serre

έδαφος

le sol

σπόρος

les semences

λίπασμα

l'engrais

θεριζοαλωνιστική μηχανή

la moissonneuse-batteuse

θερίζω
récolter

συγκομιδή
la récolte

γιαμς
l'igname

σιτάρι
le blé

σόγια
le soja

πατάτα
la pomme de terre

καλαμπόκι
le maïs

κράμβη
le colza

οπωροφόρο δέντρο
l'arbre fruitier

μανιόκα
le manioc

δημητριακά
les céréales

σπίτι
la maison

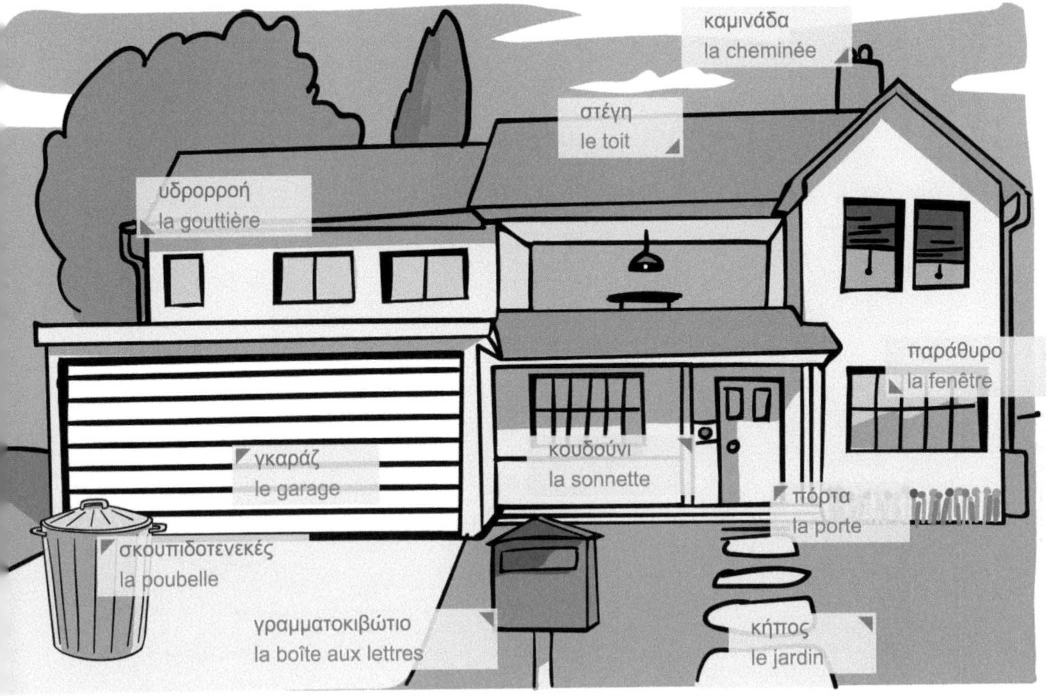
καμινάδα
la cheminée
στέγη
le toit
υδρορροή
la gouttière
παράθυρο
la fenêtre
κουδούνι
la sonnette
γκαράζ
le garage
πόρτα
la porte
σκουπιδοτενεκές
la poubelle
γραμματοκιβώτιο
la boîte aux lettres
κήπος
le jardin

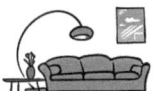

σαλόνι

le salon

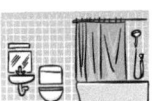

μπάνιο

la chambre de bain

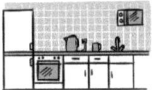

κουζίνα

la cuisine

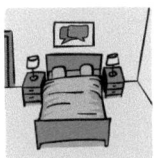

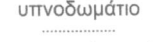

υπνοδωμάτιο

la chambre à coucher

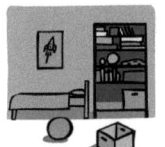

παιδικό δωμάτιο

la chambre d'enfant

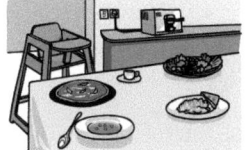

τραπεζαρία

la salle à manger

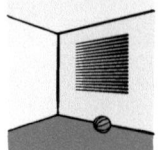

πάτωμα

le sol

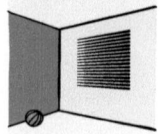

τοίχος

le mur

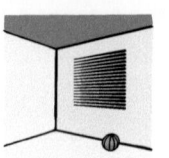

οροφή

le plafond

κελάρι

la cave

σάουνα

le sauna

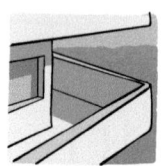

μπαλκόνι

le balcon

βεράντα

la terrasse

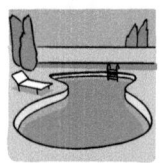

πισίνα

la piscine

μηχανή του γκαζόν

la tondeuse à gazon

σεντόνι

la fourre de duvet

κάλυμμα κρεβατιού

la couette

κρεβάτι

le lit

σκούπα

le balai

κουβάς

le sceau

διακόπτης

l'interrupteur

σαλόνι
le salon

ταπετσαρία
le papier peint
φωτογραφία
l'image
λάμπα
la lampe
ράφι
l'étagère
ντουλάπι
l'armoire
τηλεόραση
la télé
τζάκι
la cheminée
λουλούδι
la fleur
μαξιλάρι
le coussin
καναπές
le canapé
βάζο
le vase
τηλεκοντρόλ
la télécommande

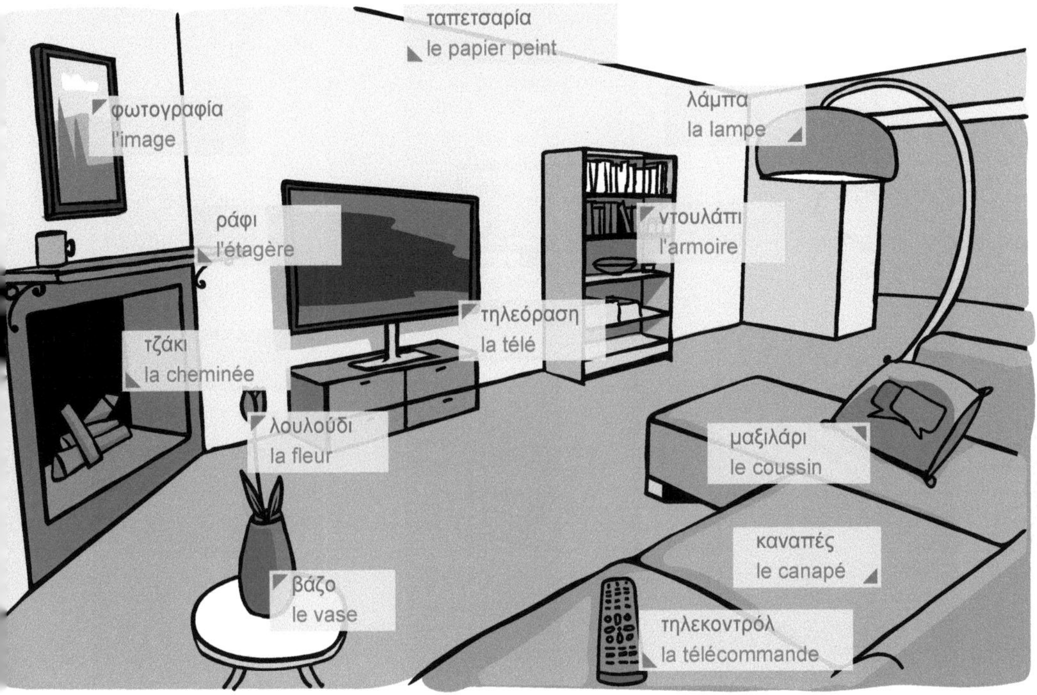

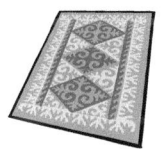

χαλί

le tapis

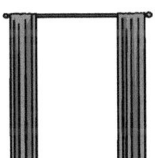

κουρτίνα

le rideau

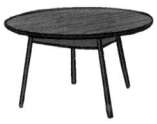

τραπέζι

la table

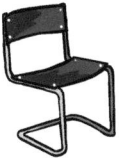

καρέκλα

la chaise

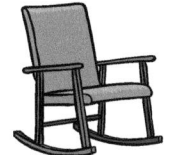

κουνιστή πολυθρόνα

la chaise à bascule

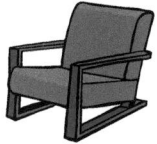

πολυθρόνα

le fauteuil

βιβλίο

le livre

κουβέρτα

la couverture

διακόσμηση

la décoration

καυσόξυλα

le bois de chauffage

ταινία

le film

στερεοφωνικό σύστημα

la chaîne hi-fi

κλειδί

la clé

εφημερίδα

le journal

πίνακας ζωγραφικής

la peinture

αφίσα

le poster

ραδιόφωνο

la radio

σημειωματάριο

le bloc-notes

ηλεκτρική σκούπα

l'aspirateur

κάκτος

le cactus

κερί

la bougie

κουζίνα
la cuisine

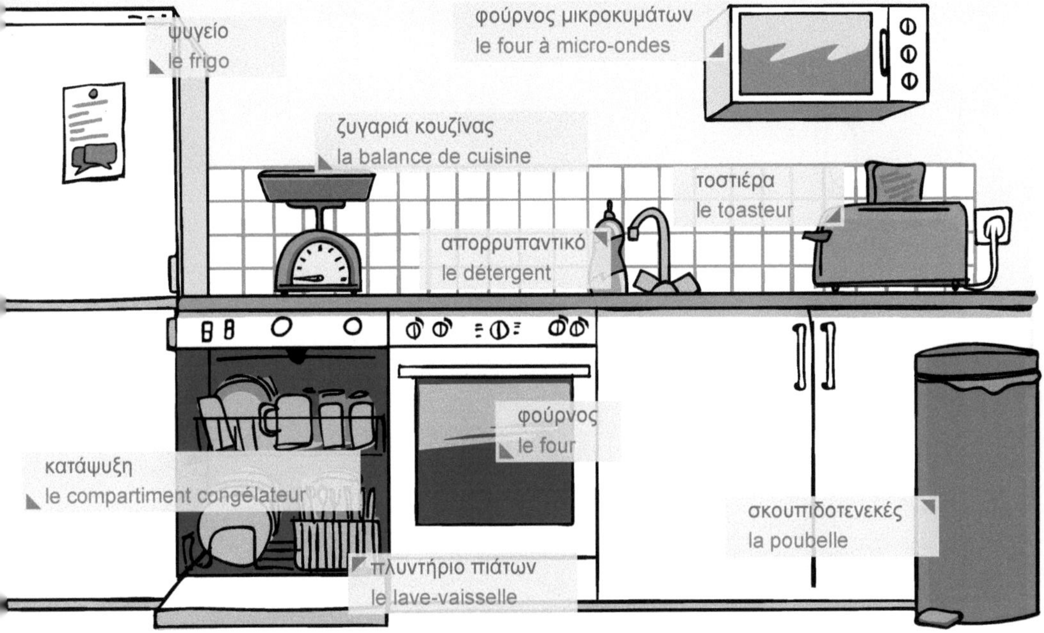
ψυγείο
le frigo
φούρνος μικροκυμάτων
le four à micro-ondes
ζυγαριά κουζίνας
la balance de cuisine
τοστιέρα
le toasteur
απορρυπαντικό
le détergent
φούρνος
le four
κατάψυξη
le compartiment congélateur
σκουπιδοτενεκές
la poubelle
πλυντήριο πιάτων
le lave-vaisselle

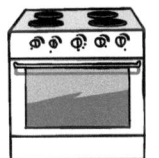

κουζίνα

le four

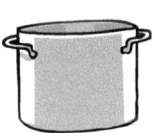

κατσαρόλα

la casserole

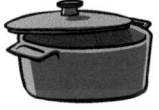

μαντεμένια κατσαρόλα

la marmite

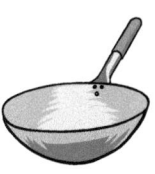

γουόκ/καντάι

le wok/kadai

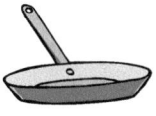

τηγάνι

la poêle

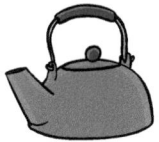

βραστήρας

la bouilloire électrique

ατμομάγειρας

le cuiseur vapeur

ταψί

la plaque de cuisson

πιατικά

la vaisselle

κούπα

le gobelet

μπολ

le bol

ξυλάκια

les baguettes

κουτάλα

la louche

σπάτουλα

la spatule

ανακατεύω

le fouet

σουρωτήρι

la passoire

σουρωτηράκι

le tamis

τρίφτης

la râpe

γουδί

le mortier

ψησταριά

le barbecue

ανοιχτή φωτιά

la cheminée

σανίδα κοπής

la planche à découper

πλάστης

le rouleau à pâtisserie

ανοιχτήρι φελλών

le tire-bouchon

κονσέρβα

la boîte

ανοιχτήρι κονσέρβας

l'ouvre-boîte

γάντι φούρνου

les maniques

νεροχύτης

le lavabo

βούρτσα

la brosse

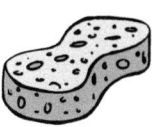

σφουγγάρι

l'éponge

μπλέντερ

le mixeur

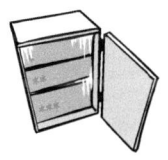

καταψύκτης

le congélateur

μπιμπερό

le biberon

βρύση

le robinet

κουζίνα - la cuisine

μπάνιο
la chambre de bain

θέρμανση
le chauffage
ντους
la douche
πετσέτα
la serviette
κουρτίνα ντουζ
le rideau de douche
αφρόλουτρο
le bain moussant
μπανιέρα
la baignoire
ποτήρι
le verre
πλυντήριο ρούχων
la machine à laver
βρύση
le robinet
πλακάκια
le carrelage
γιογιό
le pot
νεροχύτης
le lavabo

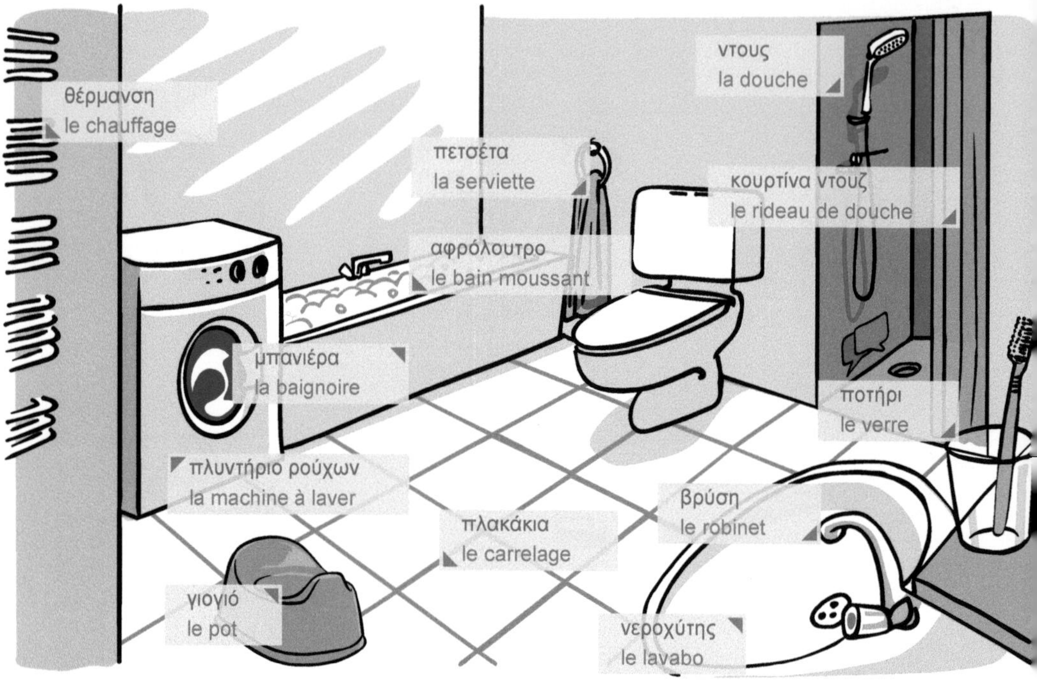

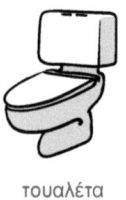

τουαλέτα

les toilettes

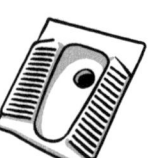

τούρκικη τουαλέτα

la toilette à la turque

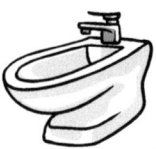

μπιντές

le bidet

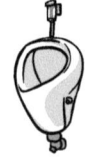

ουρητήριο

l'urinoir

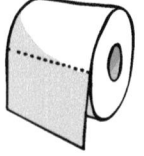

χαρτί υγείας

le papier toilette

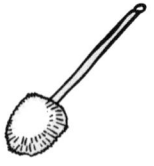

πιγκάλ

la brosse à toilette

οδοντόβουρτσα

la brosse à dents

οδοντόκρεμα

le dentifrice

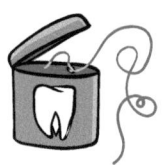

οδοντικό νήμα

le fil dentaire

πλένω

laver

τηλέφωνο ντους

la douche manuelle

ντουσιέρα

la douche intime

λεκάνη

la vasque

βούρτσα πλάτης

la brosse dorsale

σαπούνι

le savon

αφρόλουτρο

le gel douche

σαμπουάν

le shampooing

φανέλα

le gant de toilette

σιφόνι

l'écoulement

κρέμα

la crème

αποσμητικό

le déodorant

μπάνιο - la chambre de bain

καθρέφτης

le miroir

καθρέφτης χειρός

le miroir cosmétique

ξυραφάκι

le rasoir

αφρός ξυρίσματος

la mousse à raser

αφτερσέιβ

l'après-rasage

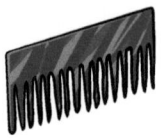

χτένα

la peigne

βούρτσα

la brosse

σεσουάρ

le sèche-cheveux

λακ

la laque pour cheveux

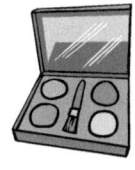

μακιγιάζ

le fond de teint

κραγιόν

le rouge à lèvres

βερνίκι νυχιών

le vernis à ongles

βαμβάκι

l'ouate

ψαλίδι νυχιών

le coupe-ongles

άρωμα

le parfum

νεσεσέρ

la trousse de toilette

σκαμπό

le tabouret

ζυγαριά

la balance

μπουρνούζι

le peignoir

ελαστικά γάντια

les gants de nettoyage

ταμπόν

le tampon

πετσέτα υγιεινής

les serviettes hygiéniques

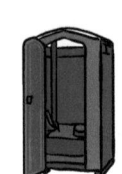

χημική τουαλέτα

la toilette chimique

παιδικό δωμάτιο
la chambre d'enfant

ξυπνητήρι
le réveil
λούτρινο ζωάκι
le doudou
αυτοκινητάκι
la voiture jouet
κουδουνίστρα
le hochet
κουκλόσπιτο
la maison de poupée
δώρο
le cadeau

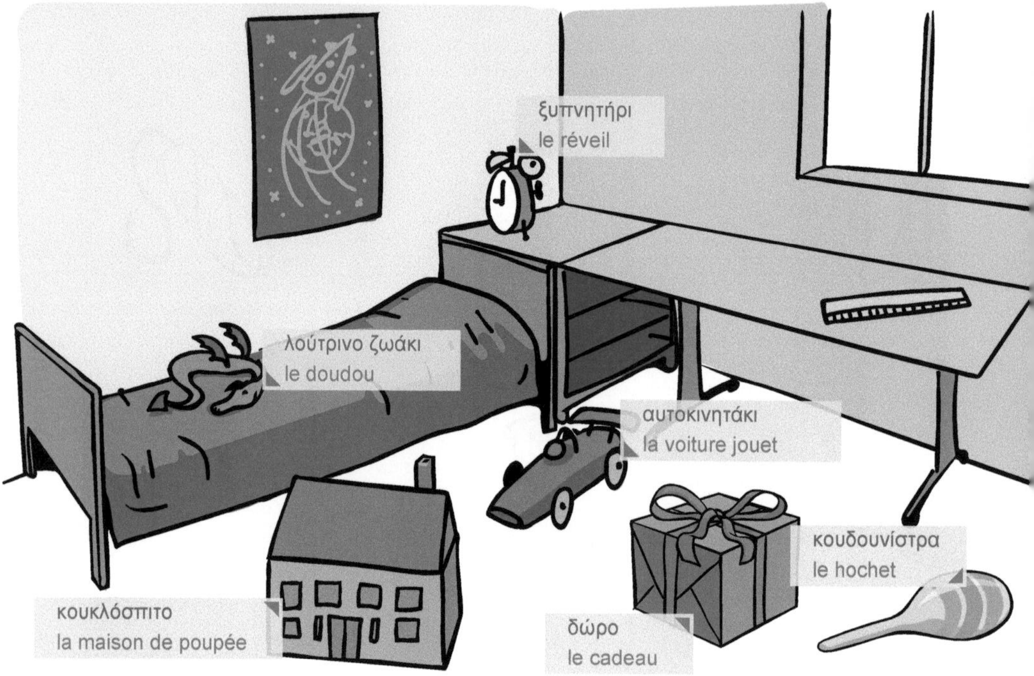

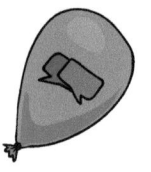

μπαλόνι

le ballon

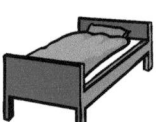

κρεβάτι

le lit

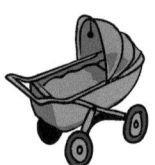

καροτσάκι

la poussette

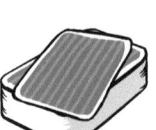

τράπουλα

le jeu de cartes

παζλ

le puzzle

SUPER
MEGA

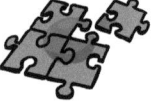

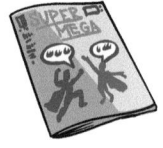

κόμικς

la bande dessinée

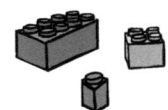

τουβλάκια lego

les pièces lego

τουβλάκια κατασκευών

les blocs de construction

φιγούρα δράσης

la figurine

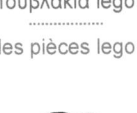

βρεφικό φορμάκι

la grenouillère

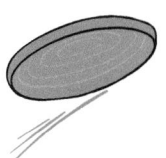

φρίσμπι

le frisbee

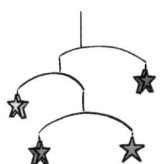

μόμπιλο

le mobile

επιτραπέζιο παιχνίδι

le jeu de société

ζάρια

le dé

σετ τρενάκι

le train miniature

πιπίλα

la sucette

πάρτι

la fête

εικονογραφημένο βιβλίο

le livre d'images

μπάλα

la balle

κούκλα

la poupée

παίζω

jouer

σκάμμα με άμμο

le bac à sable

κούνια

la balançoire

παιχνίδια

les jouets

κονσόλα βιντεοπαιχνιδιών

la console de jeu

τρίκυκλο

le tricycle

αρκουδάκι

l'ours en peluche

ντουλάπα

l'armoire

ρούχα
les vêtements

κάλτσες

les chaussettes

καλτσοδέτες

les bas

καλσόν

le collant

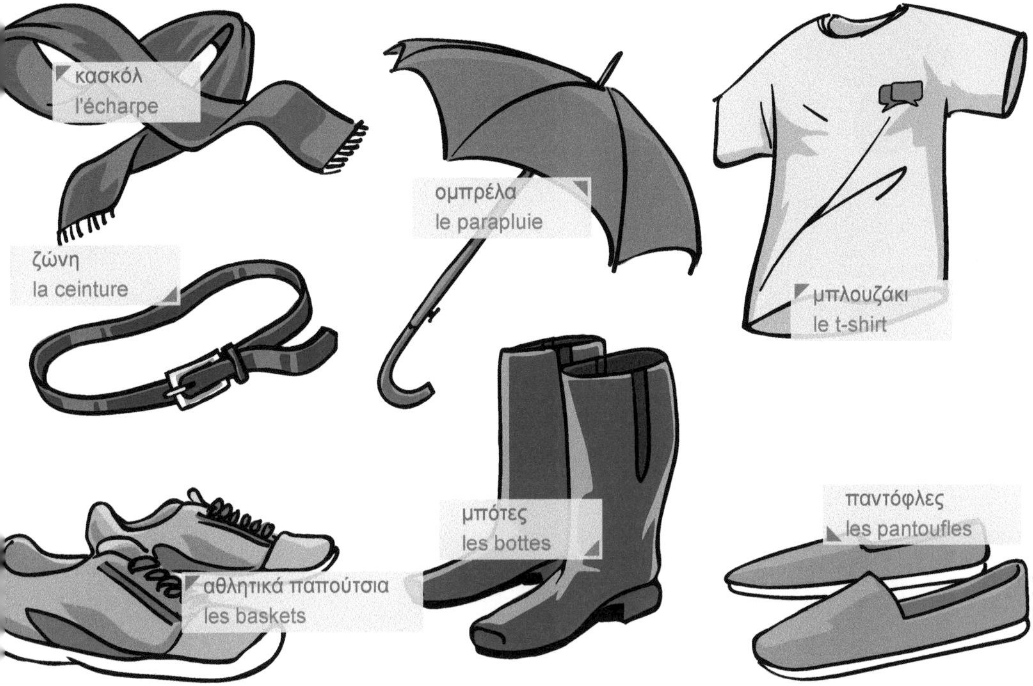

κασκόλ
l'écharpe

ζώνη
la ceinture

ομπρέλα
le parapluie

μπλουζάκι
le t-shirt

αθλητικά παπούτσια
les baskets

μπότες
les bottes

παντόφλες
les pantoufles

σανδάλια
les sandales

παπούτσια
les chaussures

γαλότσες
les bottes de caoutchouc

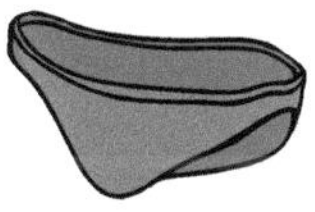

εσώρουχο
le linge de corps

σουτιέν
le soutien-gorge

φανέλα
le maillot de corps

σώμα

le body

παντελόνι

le pantalon

τζιν παντελόνι

le jean

φούστα

la jupe

μπλούζα

le chemisier

πουκάμισο

la chemise

πουλόβερ

le pull

πουλόβερ

le pull-over à capuche

σακάκι

la veste

μπουφάν

la veste

παλτό

le manteau

αδιάβροχο πανωφόρι

l'imperméable

κοστούμι

le costume

φόρεμα

la robe

νυφικό

la robe de mariée

κοστούμι

le costume

νυχτικό

la chemise de nuit

πιτζάμες

le pyjama

σάρι

le sari

μαντήλι

le foulard

τουρμπάνι

le turban

μπούρκα

la burqa

καφτάνι

le caftan

μουσουλμανικό ένδυμα

l'abaya

ολόσωμο μαγιό

le maillot de bain

ανδρικό μαγιό

le costume de bain

σορτς

les cuissettes

αθλητική φόρμα

la tenue d'entraînement

ποδιά

le tablier

γάντια

les gants

κουμπί

le bouton

γυαλιά

les lunettes

βραχιόλι

le bracelet

περιδέραιο

le collier

δαχτυλίδι

la bague

σκουλαρίκι

la boucle d'oreille

καπέλο

le bonnet

κρεμάστρα

le cintre

καπέλο

le chapeau

γραβάτα

la cravate

φερμουάρ

la fermeture éclair

κράνος

le casque

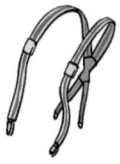

τιράντες

les bretelles

μαθητική στολή

l'uniforme scolaire

στολή

l'uniforme

σαλιάρα
le bavoir

πιπίλα
la sucette

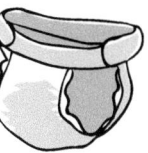

πάνα
la couche

γραφείο
le bureau

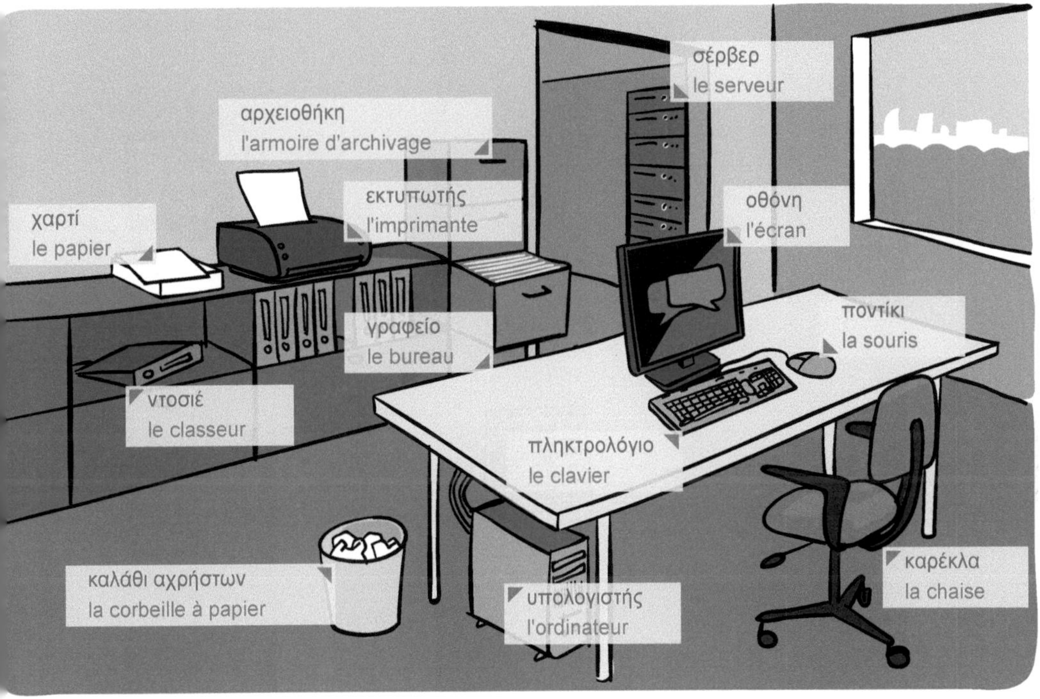

σέρβερ
le serveur

αρχειοθήκη
l'armoire d'archivage

εκτυπωτής
l'imprimante

οθόνη
l'écran

χαρτί
le papier

ποντίκι
la souris

γραφείο
le bureau

ντοσιέ
le classeur

πληκτρολόγιο
le clavier

καλάθι αχρήστων
la corbeille à papier

υπολογιστής
l'ordinateur

καρέκλα
la chaise

κούπα του καφέ
la tasse à café

κομπιουτεράκι
la calculatrice

ίντερνετ
l'internet

λάπτοπ

l'ordinateur portable

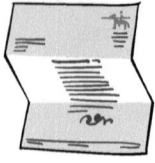

γράμμα

la lettre

μήνυμα

le message

κινητό

le portable

δίκτυο

le réseau

φωτοτυπικό μηχάνημα

la photocopieuse

λογισμικό

le logiciel

τηλέφωνο

le téléphone

πρίζα

la prise

συσκευή φαξ

le fax

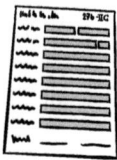

έντυπο

le formulaire

έγγραφο

le document

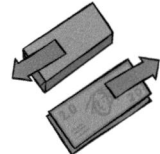

αγοράζω

acheter

πληρώνω

payer

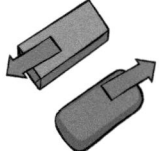

συναλλάσσομαι

marchander

χρήματα

la monnaie

δολάριο

le dollar

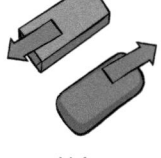

ευρώ

l'euro

γιεν

le yen

ρούβλι

le rouble

ελβετικό φράγκο

le franc suisse

ρενμίνμπι γιουάν

le renminbi yuan

ρουπία

la roupie

ATM (αυτόματη ταμειακή μηχανή)

le distributeur automatique

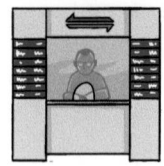

ανταλλακτήρια
συναλλάγματος

le bureau de change

χρυσός

l'or

ασήμι

l'argent

πετρέλαιο

le pétrole

ενέργεια

l'énergie

τιμή

le prix

συμβόλαιο

le contrat

φόρος

la taxe

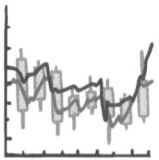

μετοχή

l'action

δουλεύω

travailler

υπάλληλος

l'employé

εργοδότης

l'employeur

εργοστάσιο

l'usine

κατάστημα

le magasin

επαγγέλματα
les professions

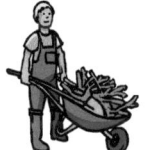

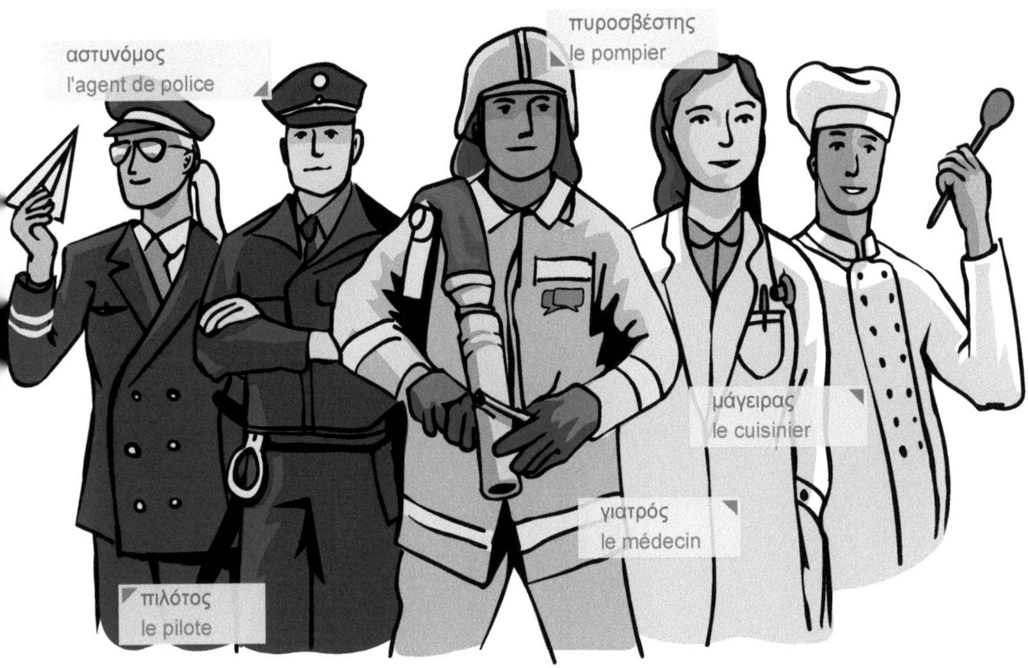
αστυνόμος
l'agent de police
πυροσβέστης
le pompier
μάγειρας
le cuisinier
γιατρός
le médecin
πιλότος
le pilote

κηπουρός

le jardinier

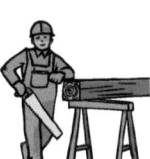

ξυλουργός

le menuisier

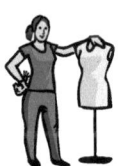

μοδίστρα

la couturière

δικαστής

le juge

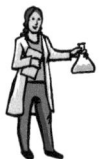

χημικός

le chimiste

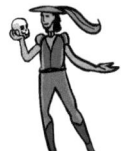

ηθοποιός

l'acteur

οδηγός λεωφορείου

le conducteur de bus

ταξιτζής

le chauffeur de taxi

ψαράς

le pêcheur

καθαρίστρια

la femme de ménage

τεχνίτης στεγών

le couvreur

σερβιτόρος

le serveur

κυνηγός

le chasseur

ζωγράφος

le peintre

αρτοποιός

le boulanger

ηλεκτρολόγος

l'électricien

οικοδόμος

l'ouvrier

μηχανολόγος

l'ingénieur

κρεοπώλης

le boucher

υδραυλικός

le plombier

ταχυδρόμος

le facteur

στρατιώτης

le soldat

αρχιτέκτονας

l'architecte

ταμίας

le caissier

ανθοπώλης

le fleuriste

κομμωτής

le coiffeur

ελεγκτής εισιτηρίων

le contrôleur

μηχανικός

le mécanicien

καπετάνιος

le capitaine

οδοντίατρος

le dentiste

επιστήμονας

le scientifique

ραβίνος

le rabbin

ιμάμης

l'imam

μοναχός

le moine

ιερέας

le prêtre

εργαλεία

les outils

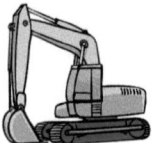

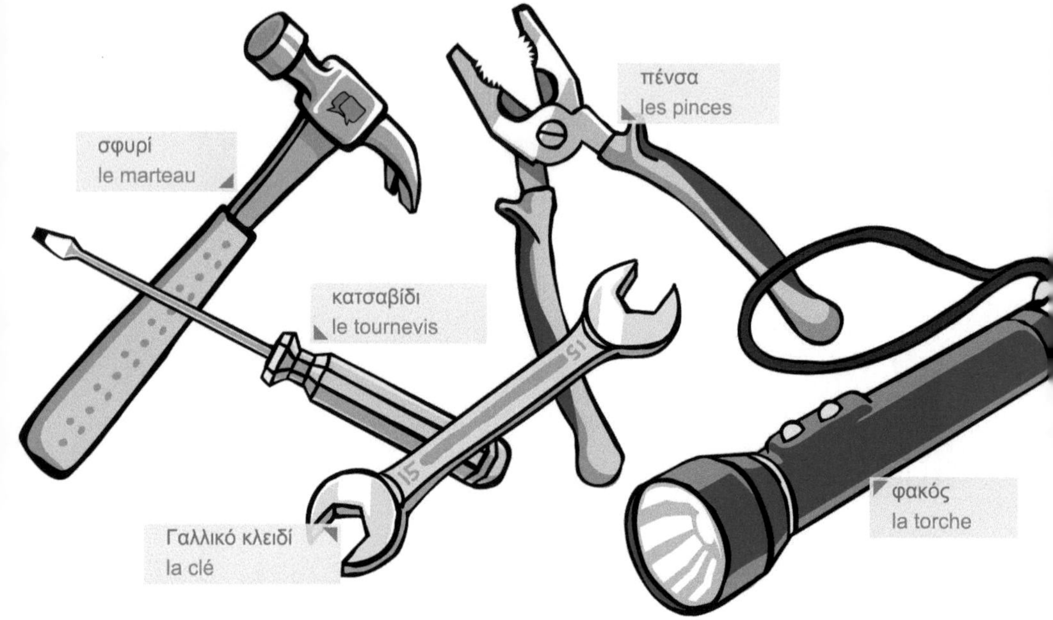

σφυρί
le marteau
πένσα
les pinces
κατσαβίδι
le tournevis
Γαλλικό κλειδί
la clé
φακός
la torche

εκσκαφέας

la pelleteuse

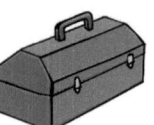

εργαλειοθήκη

la boîte à outils

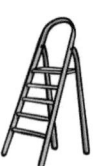

σκάλα

l'échelle

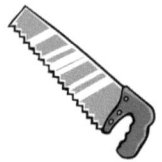

πριόνι

la scie

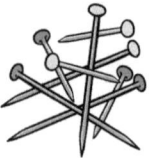

καρφιά

les clous

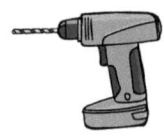

τρυπάνι

la perceuse

επισκευάζω
réparer

φτυάρι
la pelle

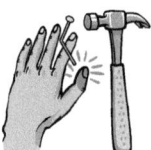

Να πάρει!
Mince!

φαράσι
la pelle

δοχείο χρωμάτων
le pot de peinture

βίδες
les vis

μουσικά όργανα
les instruments de musique

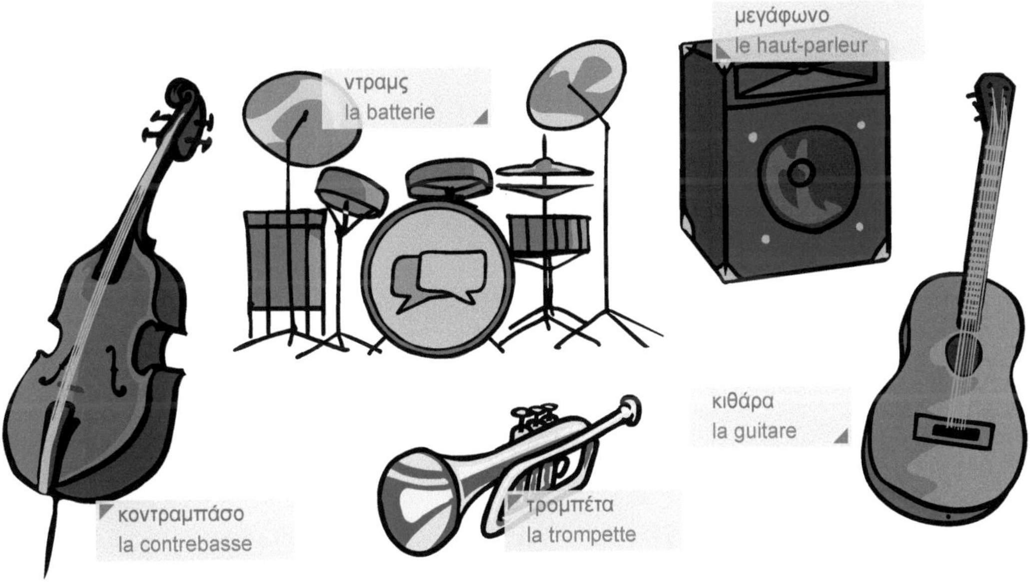

μεγάφωνο
le haut-parleur

ντραμς
la batterie

κιθάρα
la guitare

κοντραμπάσο
la contrebasse

τρομπέτα
la trompette

πιάνο

le piano

βιολί

le violon

μπάσο

la basse

τύμπανα

les timbales

τύμπανο

le tambour

πλήκτρα

le piano électrique

σαξόφωνο

le saxophone

φλάουτο

la flûte

μικρόφωνο

le microphone

μουσικά όργανα - les instruments de musique

ζωολογικός κήπος

le zoo

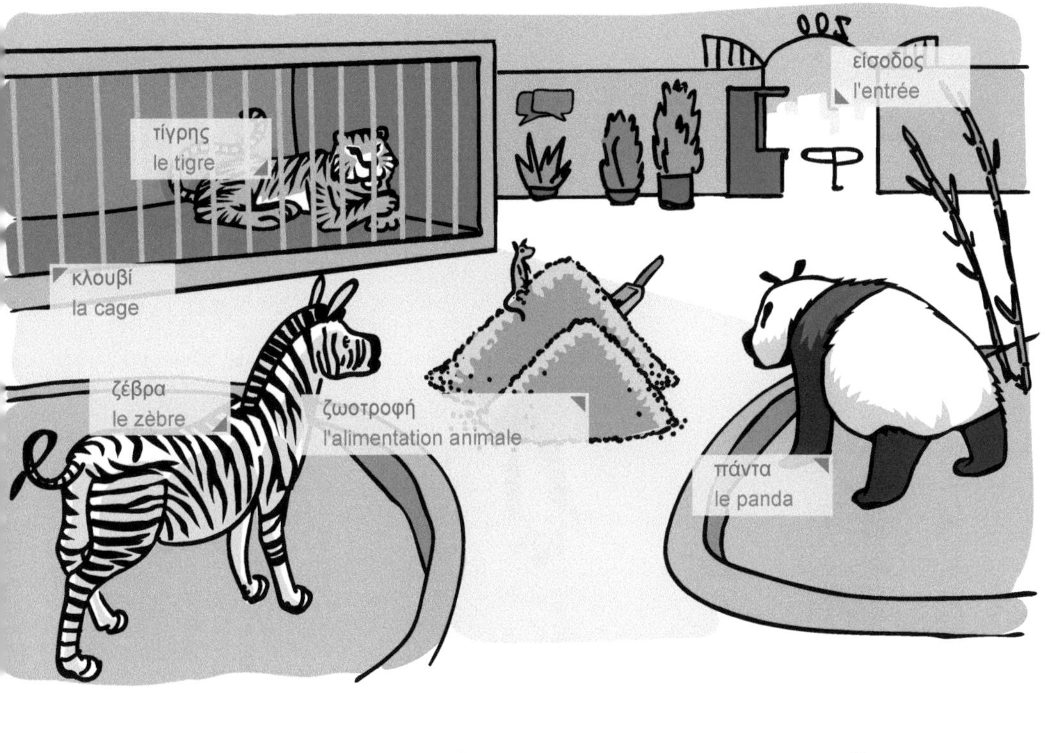

zoo
είσοδος
l'entrée
τίγρης
le tigre
κλουβί
la cage
ζέβρα
le zèbre
ζωοτροφή
l'alimentation animale
πάντα
le panda

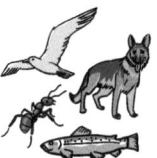

ζώα

les animaux

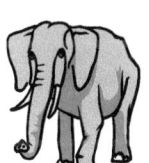

ελέφαντας

l'éléphant

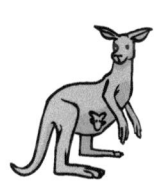

καγκουρό

le kangourou

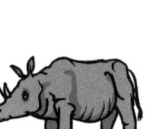

ρινόκερος

le rhinocéros

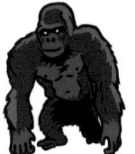

γορίλας

le gorille

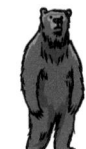

αρκούδα

l'ours

καμήλα

le chameau

στρουθοκάμηλος

l'autruche

λιοντάρι

le lion

πίθηκος

le singe

φλαμίνγκο

le flamand rose

παπαγάλος

le perroquet

πολική αρκούδα

l'ours polaire

πιγκουίνος

le pingouin

καρχαρίας

le requin

παγώνι

le paon

φίδι

le serpent

κροκόδειλος

le crocodile

φύλακας ζωολογικού κήπου

le gardien de zoo

φώκια

le phoque

τζάγκουαρ

le jaguar

πόνυ
le poney

λεοπάρδαλη
le léopard

ιπποπόταμος
l'hippopotame

καμηλοπάρδαλη
la girafe

αετός
l'aigle

αγριογούρουνο
le sanglier

ψάρι
le poisson

χελώνα
la tortue

θαλάσσιος ίππος
le morse

αλεπού
le renard

γαζέλα
la gazelle

Αμερικάνικο ποδόσφαιρο
l'american Football

ποδηλασία
le cyclisme

αντισφαίριση
le tennis

μπάσκετ
le basket-ball

κολύμβηση
la natation

χόκεϋ επί πάγου
le hockey sur glace

πυγχαμία
la boxe

ποδόσφαιρο
le football

μπάντμιντον
le badminton

στίβος
l'athlétisme

χάντμπολ
le handball

σκι
le ski

πόλο
le polo

δραστηριότητες
les activités

γελάω
rire
πηδάω
sauter
αγκαλιάζω
embrasser
περπατάω
marcher
τραγουδάω
chanter
ονειρεύομαι
rêver
προσεύχομαι
prier
φιλάω
faire la bise

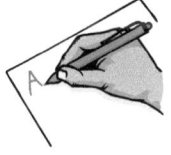

γράφω
écrire

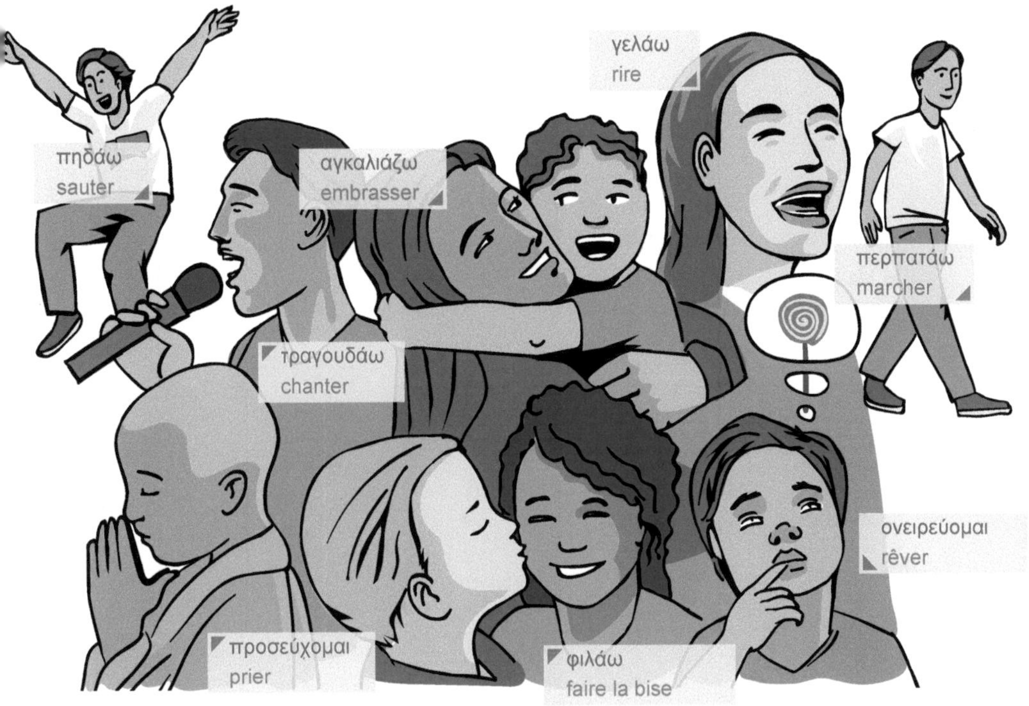

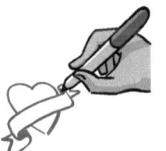

σχεδιάζω
dessiner

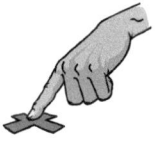

δείχνω
montrer

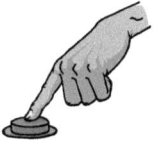

πιέζω
pousser

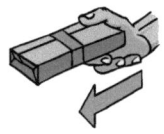

δίνω
donner

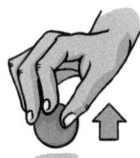

παίρνω
prendre

έχω

avoir

κάνω

faire

είμαι

être

στέκομαι

être debout

τρέχω

courir

τραβάω

trier

ρίχνω

jeter

πέφτω

tomber

ξαπλώνω

être couché

περιμένω

attendre

κουβαλώ

porter

κάθομαι

être assis

φοράω

s'habiller

κοιμάμαι

dormir

ξυπνάω

se réveiller

κοιτάω

regarder

κλαίω

pleurer

χαϊδεύω

caresser

χτενίζω

peigner

μιλάω

parler

καταλαβαίνω

comprendre

ρωτάω

demander

ακούω

écouter

πίνω

boire

τρώω

manger

συγυρίζω

ranger

αγαπάω

aimer

μαγειρεύω

cuire

οδηγώ

conduire

πετάω

voler

κάνω ιστιοπλοΐα

faire de la voile

υπολογίζω

calculer

διαβάζω

lire

μαθαίνω

apprendre

δουλεύω

travailler

παντρεύομαι

se marier

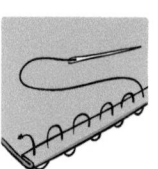

ράβω

coudre

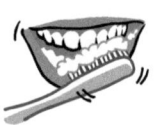

βουρτσίζω τα δόντια

se brosser les dents

σκοτώνω

tuer

καπνίζω

fumer

στέλνω

envoyer

γιαγιά
a grand-mère

παππούς
le grand-père

πατέρας
le père

μητέρα
la mère

μωρό
le bébé

κόρη
la fille

γιος
le fils

καλεσμένος

l'hôte

θεία

la tante

θείος

l'oncle

αδελφός

le frère

αδελφή

la sœur

σώμα

le corps

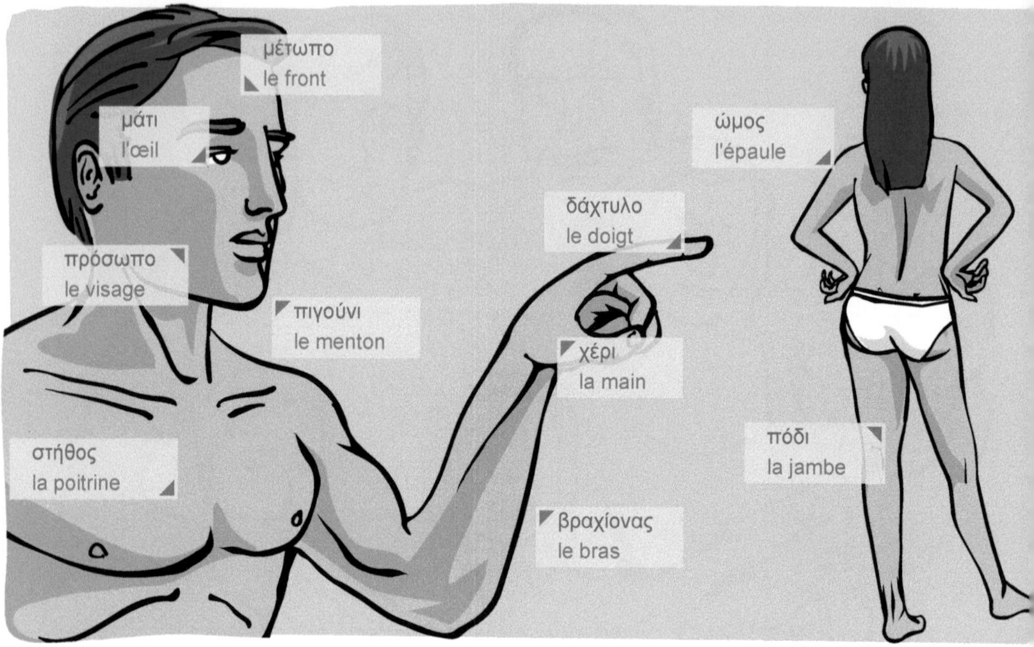

μέτωπο
le front

μάτι
l'œil

ώμος
l'épaule

δάχτυλο
le doigt

πρόσωπο
le visage

πιγούνι
le menton

χέρι
la main

στήθος
la poitrine

πόδι
la jambe

βραχίονας
le bras

μωρό

le bébé

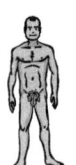

άνδρας

l'homme

γυναίκα

la femme

κορίτσι

la fille

αγόρι

le garçon

κεφάλι

la tête

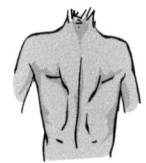

πλάτη

le dos

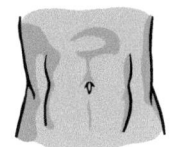

κοιλιά

le ventre

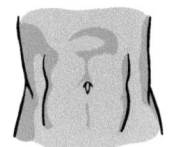

αφαλός

le nombril

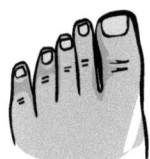

δάχτυλο ποδιού

l'orteil

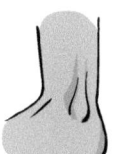

φτέρνα

le talon

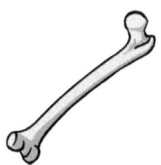

κόκκαλο

l'os

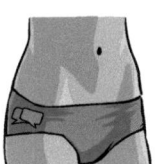

γοφός

la hanche

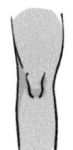

γόνατο

le genou

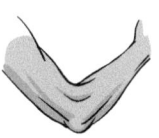

αγκώνας

le coude

μύτη

le nez

γλουτός

les fesses

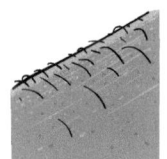

δέρμα

la peau

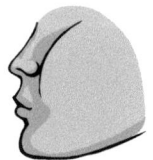

μάγουλο

la joue

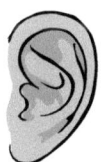

αυτί

l'oreille

χείλος

la lèvre

στόμα

la bouche

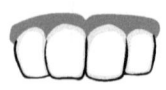

δόντι

la dent

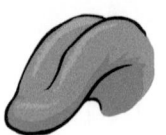

γλώσσα

la langue

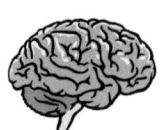

εγκέφαλος

le cerveau

καρδιά

le cœur

μυς

le muscle

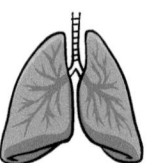

πνεύμονας

les poumons

συκώτι

le foie

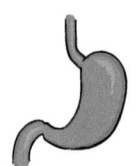

στομάχι

l'estomac

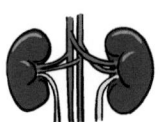

νεφρά

les reins

σεξουαλική επαφή

le rapport sexuel

προφυλακτικό

le préservatif

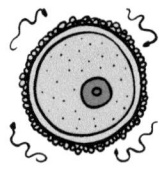

ωάριο

l'ovule

σπέρμα

le sperme

εγκυμοσύνη

la grossesse

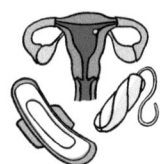

περίοδος

la menstruation

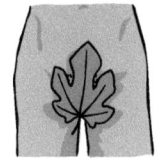

γυναικείος κόλπος

le vagin

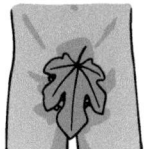

πέος

le pénis

φρύδι

le sourcil

μαλλιά

les cheveux

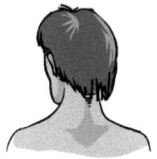

λαιμός

le cou

σώμα - le corps

νοσοκομείο
l'hôpital

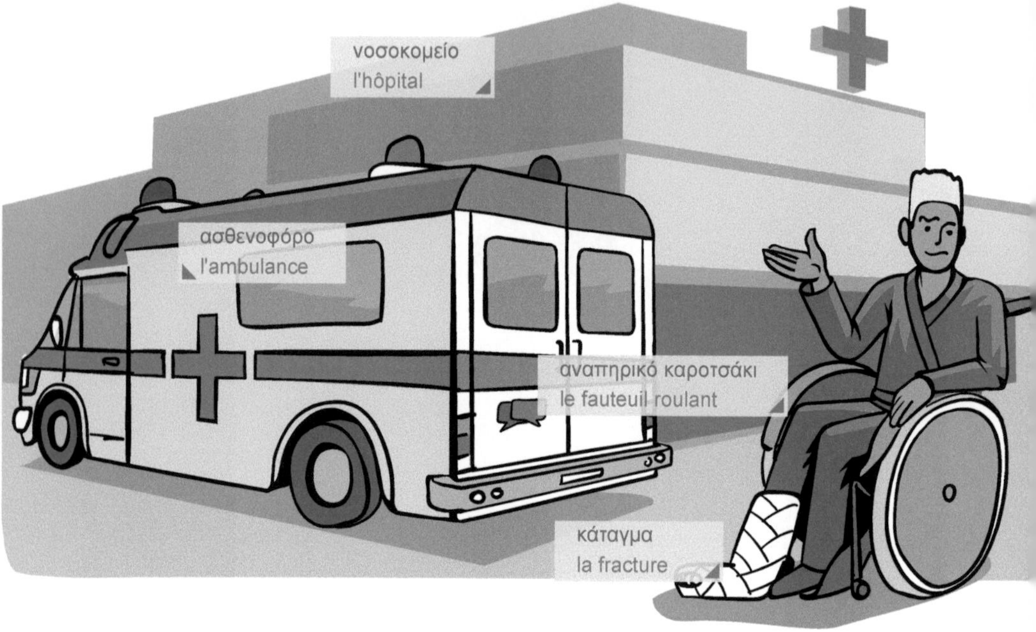

νοσοκομείο
l'hôpital
ασθενοφόρο
l'ambulance
αναπηρικό καροτσάκι
le fauteuil roulant
κάταγμα
la fracture

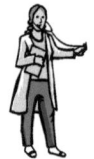

γιατρός

le médecin

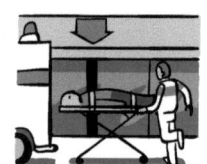

μονάδα εντατικής θεραπείας

le service des urgences

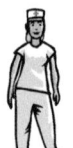

νοσοκόμα

l'infirmière

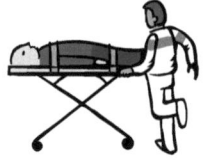

έκτακτη ανάγκη

l'urgence

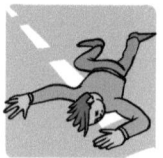

λιπόθυμος

inconscient

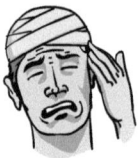

πόνος

la douleur

τραύμα

la blessure

αιμορραγία

l'hémorragie

έμφραγμα

la crise cardiaque

εγκεφαλικό

l'attaque cérébrale

αλλεργία

l'allergie

βήχας

la toux

πυρετός

la fièvre

γρίπη

la grippe

διάρροια

la diarrhée

πονοκέφαλος

le mal de tête

καρκίνος

le cancer

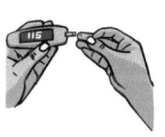

διαβήτης

le diabète

χειρουργός

le chirurgien

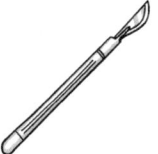

νυστέρι

le scalpel

εγχείρηση

l'opération

αξονική τομογραφία

le CT

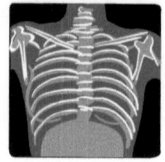

ακτινογραφία

la radiographie

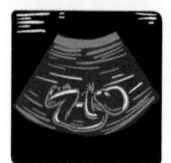

υπέρηχος

l'échographie

μάσκα

le masque

ασθένεια

la maladie

αίθουσα αναμονής

la salle d'attente

πατερίτσα

la béquille

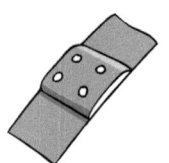

χάνσαπλαστ

le pansement

επίδεσμος

le pansement

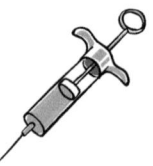

ένεση

l'injection

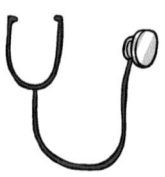

στηθοσκόπιο

le stéthoscope

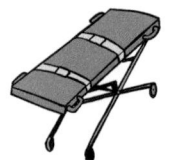

φορείο

le brancard

θερμόμετρο

le thermomètre

γέννηση

l'accouchement

υπέρβαρο

le surpoids

ακουστικό βαρηκοΐας

l'appareil auditif

αντισηπτικό

le désinfectant

λοίμωξη

l'infection

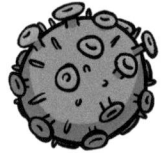

ιός

le virus

HIV/AIDS

le VIH / le sida

φάρμακο

le médicament

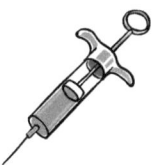

εμβολιασμός

la vaccination

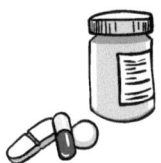

δισκία

les tablettes

χάπι

la pilule

κλήση έκτακτης ανάγκης

l'appel d'urgence

πιεσόμετρο αίματος

le tensiomètre

άρρωστος / υγιής

malade / sain

Βοήθεια!

Au secours!

συναγερμός

l'alarme

βιαιοπραγία

l'agression

επίθεση

l'attaque

κίνδυνος

le danger

έξοδος κινδύνου

la sortie de secours

Φωτιά!

Au feu!

πυροσβεστήρας

l'extincteur

ατύχημα

l'accident

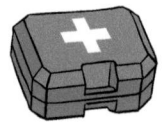

κουτί πρώτων βοηθειών

la trousse de premier
secours

SOS

SOS

αστυνομία

la police

Ευρώπη

l'Europe

Βόρεια Αμερική

l'Amérique du Nord

Νότια Αμερική

l'Amérique du Sud

Αφρική

l'Afrique

Ασία

l'Asie

Αυστραλία

l'Australie

Ατλαντικός Ωκεανός

l'Océan atlantique

Ειρηνικός Ωκεανός

l'Océan pacifique

Ινδικός Ωκεανός

l'Océan indien

Ανταρκτικός Ωκεανός

l'Océan antarctique

Αρκτικός Ωκεανός

l'Océan arctique

Βόρειος Πόλος

le Pôle nord

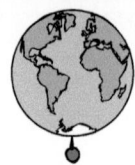

Νότιος Πόλος

le Pôle sud

Ανταρκτική

l'Antarctique

Γη

la terre

γη

le pays

θάλασσα

la mer

νησί

l'île

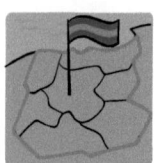

έθνος

la nation

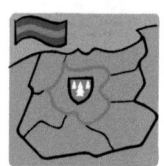

πολιτεία

l'état

κ‌αντράν ρολογιού

le cadran

ωροδείκτης

l'aiguille des heures

λεπτοδείκτης

l'aiguille des minutes

δείκτης δευτερολέπτων

l'aiguille des secondes

Τι ώρα είναι;

Quelle heure est-il?

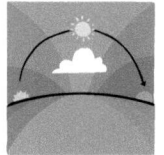

ημέρα

le jour

χρόνος

le temps

τώρα

maintenant

ψηφιακό ρολόι

la montre digitale

λεπτό

la minute

ώρα

l'heure

εβδομάδα
la semaine

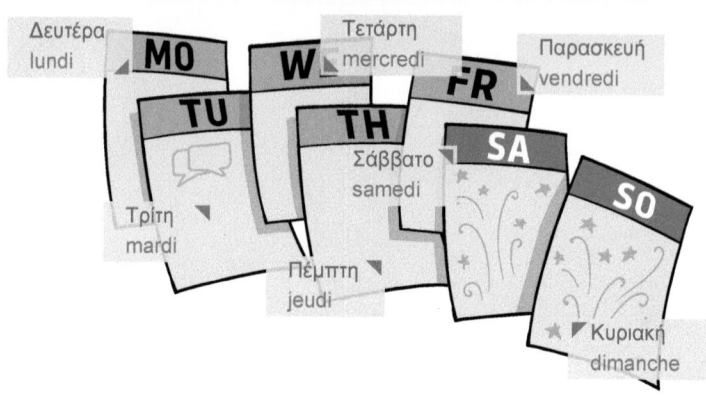

Δευτέρα
lundi

MO

W Τετάρτη
mercredi

FR Παρασκευή
vendredi

TU

TH

Σάββατο
samedi

SA

SO

Τρίτη
mardi

Πέμπτη
jeudi

Κυριακή
dimanche

χθες

hier

σήμερα

aujourd'hui

αύριο

demain

πρωί

le matin

μεσημέρι

le midi

βράδυ

le soir

εργάσιμες ημέρες

les jours ouvrables

Σαββατοκύριακο

le week-end

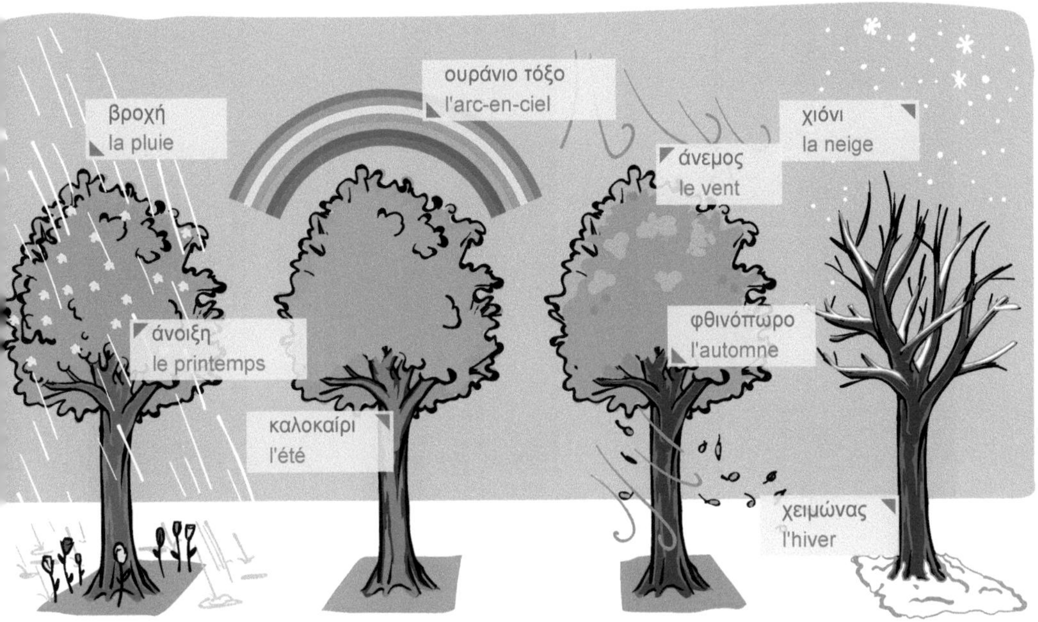

βροχή
la pluie
ουράνιο τόξο
l'arc-en-ciel
χιόνι
la neige
άνεμος
le vent
άνοιξη
le printemps
φθινόπωρο
l'automne
καλοκαίρι
l'été
χειμώνας
l'hiver

4.APRIL 11°
5.APRIL 4°
6.APRIL 13°
7.APRIL 8°
8.APRIL 10°

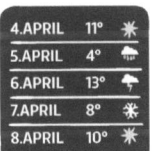

πρόγνωση καιρού

la météo

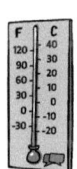

θερμόμετρο

le thermomètre

λιακάδα

la lumière du soleil

σύννεφο

le nuage

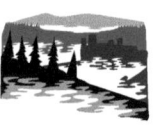

ομίχλη

le brouillard

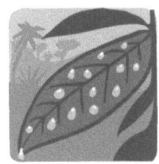

υγρασία

l'humidité

αστραπή

la foudre

κεραυνός

le tonnerre

καταιγίδα

la tempête

χαλάζι

la grêle

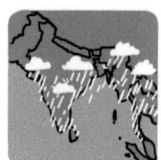

μουσώνας

la mousson

πλημμύρα

l'inondation

πάγος

la glace

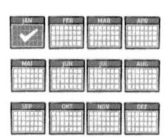

Ιανουάριος

janvier

Φεβρουάριος

février

Μάρτιος

mars

Απρίλιος

avril

Μάιος

mai

Ιούνιος

juin

Ιούλιος

juillet

Αύγουστος

août

έτος - l'année

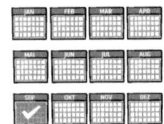

Σεπτέμβριος
....
septembre

Οκτώβριος
....
octobre

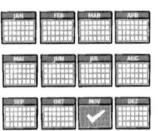

Νοέμβριος
....
novembre

Δεκέμβριος
....
décembre

σχήματα

les formes

κύκλος
....
le cercle

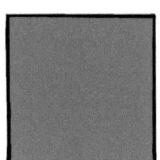

τετράγωνο
....
le carré

ορθογώνιο
παραλληλόγραμμο
le rectangle

τρίγωνο
....
le triangle

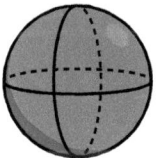

σφαίρα
....
la sphère

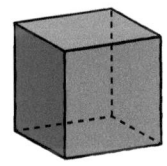

κύβος
....
le cube

άσπρο

blanc

κίτρινο

jaune

πορτοκαλί

orange

ροζ

rose

κόκκινο

rouge

μωβ

violet

μπλε

bleu

πράσινο

vert

καφέ

marron

γκρι

gris

μαύρο

noir

πολύ / λίγο

beaucoup / peu

θυμωμένος / ήρεμος

fâché / calme

όμορφος / άσχημος

joli / laid

αρχή / τέλος

le début / la fin

μεγάλος / μικρός

grand / petit

φωτεινός / σκοτεινός

clair / obscure

αδελφός / αδελφή

le frère / la sœur

καθαρός / λερωμένος

propre / sale

πλήρης / ατελής

complet / incomplet

ημέρα / νύχτα

le jour / la nuit

νεκρός / ζωντανός

mort / vivant

φαρδύς / στενός

large / étroit

βρώσιμος / μη βρώσιμος

comestible / incomestible

κακός / ευγενικός

méchant / gentil

ενθουσιασμένος / βαριεστημένος

excité / ennuyé

παχύς / λεπτός

gros / mince

πρώτος / τελευταίος

le premier / le dernier

φίλος / εχθρός

l'ami / l'ennemi

γεμάτος / άδειος

plein / vide

σκληρός / μαλακός

dur / souple

βαρύς / ελαφρύς

lourd / léger

πείνα / δίψα

faim / soif

άρρωστος / υγιής

malade / sain

παράνομος / νόμιμος

illégal / légal

έξυπνος / χαζός

intelligent / stupide

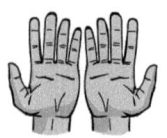

αριστερός / δεξιός

gauche / droite

κοντινός / μακρινός

proche / loin

καινούριος /
μεταχειρισμένος

nouveau / usé

τίποτα / κάτι

rien / quelque chose

γέρος | νέος

vieux / jeune

αναμμένος / σβηστός

marche / arrêt

ανοιχτός / κλειστός

ouvert / fermé

χαμηλόφωνος /
μεγαλόφωνος
faible / fort

πλούσιος / φτωχός

riche / pauvre

σωστός / λανθασμένος

correct / incorrect

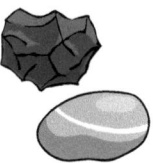

τραχύς / λείος

rugueux / lisse

λυπημένος / χαρούμενος

triste / heureux

κοντός / μακρύς

court / long

αργός / γρήγορος

lent / rapide

υγρός / στεγνός

mouillé / sec

ζεστός / δροσερός

chaud / froid

πόλεμος / ειρήνη

la guerre / la paix

0

μηδέν

zéro

1

ένα

un

2

δύο

deux

3

τρία

trois

4

τέσσερα

quatre

5

πέντε

cinq

6

έξι

six

7

εφτά

sept

8

οκτώ

huit

9

εννιά

neuf

10

δέκα

dix

11

έντεκα

onze

12	**13**	**14**
δώδεκα	δεκατρία	δεκατέσσερα
douze	treize	quatorze
15	**16**	**17**
δεκαπέντε	δεκαέξι	δεκαεφτά
quinze	seize	dix-sept
18	**19**	**20**
δεκαοκτώ	δεκαεννέα	είκοσι
dix-huit	dix-neuf	vingt
100	**1.000**	**1.000.000**
εκατό	χίλια	εκατομμύριο
cent	mille	le million

Αγγλικά

l'anglais

Αμερικάνικα Αγγλικά

l'anglais américain

Μανδαρίνικα Κινέζικα

le chinois mandarin

Χίντι

le hindi

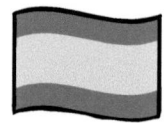

Ισπανικά

l'espagnol

Γαλλικά

le français

Αραβικά

l'arabe

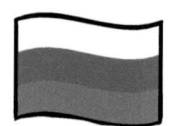

Ρώσικα

le russe

Πορτογαλικά

le portugais

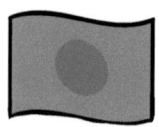

Μπενγκάλι

le bengali

Γερμανικά

l'allemand

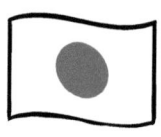

Ιαπωνικά

le japonais

εγώ

je

εσύ

tu

αυτός / αυτή / αυτό

il / elle

εμείς

nous

εσείς

vous

αυτοί / αυτές / αυτά

ils / elles

ποιος / ποια / ποιο;

qui?

τι;

quoi?

πώς;

comment?

πού;

où?

πότε;

quand?

όνομα

le nom

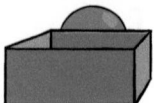

πίσω

derrière

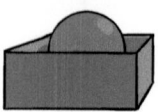

μέσα

dans

μπροστά

devant

πάνω από

au-dessus

πάνω

sur

κάτω

en-dessous

δίπλα

à côté de

ανάμεσα

entre

μέρος

le lieu